La cultura escolar
¿Una aproximación a la cultura sedentaria?

Daniel Airasca

La cultura escolar
¿Una aproximación a la cultura sedentaria?

Colección UAI - Investigación

Airasca, Daniel Albino
La cultura escolar ¿Una aproximación a la cultura sedentaria?. - 1a ed. - Buenos Aires : Teseo; Universidad Abierta Interamericana, 2012.
272 p. ; 20x13 cm. - (UAI - Investigación)
ISBN 978-987-1867-52-3
1. Educación. 2. Teorías Educativas. I. Título
CDD 370.1

Universidad Abierta Interamericana

© UAI, 2012

© Editorial Teseo, 2012

Teseo - UAI. Colección UAI - Investigación

Buenos Aires, Argentina

ISBN 978-987-1867-52-3

Editorial Teseo

Hecho el depósito que previene la ley 11.723

Para sugerencias o comentarios acerca del contenido de esta obra, escríbanos a: **info@editorialteseo.com**

www.editorialteseo.com

Comité editorial

Lic. Juan Fernando Adrover

Arq. Carlos Bozzoli

Mg. Osvaldo Barsky

Dr. Marcos Córdoba

Mg. Roberto Cherjovsky

Mg. Ariana De Vincenzi

Dr. Roberto Fernández

Dr. Fernando Grosso

Dr. Mario Lattuada

Dra. Claudia Pons

Dr. Carlos Spector

Los contenidos de libros de esta colección cuentan con evaluación académica previa a su publicación.

*¡Tener convicciones, por Dios, qué escalofriante orgía!
Una convicción política o literaria es como una amante
que acaba por mataros con la espada o con la lengua.
Observad el rostro de un hombre inspirado por una fuerte convicción:
está radiante.*

*Honoré de Balzac
(1799-1850)*

PRESENTACIÓN

La Universidad Abierta Interamericana ha planteado desde su fundación en el año 1995 una filosofía institucional en la que la enseñanza de nivel superior se encuentra integrada estrechamente con actividades de extensión y compromiso con la comunidad, y con la generación de conocimientos que contribuyan al desarrollo de la sociedad en un marco de apertura y pluralismo de ideas.

En este escenario, la Universidad ha decidido emprender junto con la editorial Teseo una política de publicación de libros con el fin de promover la difusión de los resultados de investigación de los trabajos realizados por sus docentes e investigadores y, a través de ellos, contribuir al debate académico y al tratamiento de problemas relevantes y actuales.

La *colección investigación* TESEO-UAI abarca las distintas áreas del conocimiento, acorde a la diversidad de carreras de grado y posgrado dictadas por la institución académica en sus diferentes sedes territoriales y sus líneas estratégicas de investigación, que se extiende desde las ciencias médicas y de la salud, pasando por la tecnología informática, hasta las ciencias sociales y humanidades.

El modelo o formato de publicación y difusión elegido para esta colección merece ser destacado al posibilitar un acceso universal a sus contenidos: ya sea por la vía tradicional impresa en librerías seleccionadas o por nuevos sistemas globales, como la impresión por demanda en distintos continentes, acceso a *eBooks* por tiendas virtuales, y difusión por Internet de sus contenidos parciales (Google libros, etc.).

Con esta iniciativa, la Universidad Abierta Interamericana ratifica una vez más su compromiso con una educación superior que busca en forma constante mejorar su calidad y contribuir con su trabajo al desarrollo de la comunidad nacional e internacional en la que se encuentra inserta.

Dr. Mario Lattuada
Secretaría de Investigación
Universidad Abierta Interamericana

ÍNDICE

Introducción 15

Capítulo I. La cultura sedentaria 27

Capítulo II. La perspectiva esférica 39

Capítulo III. Creencias, representaciones,
constructos y conocimiento práctico 55

Capítulo IV. De la construcción social
de la actividad física 91

Capítulo V. La estrategia metodológica 133

Capítulo VI. El referente empírico 159

Capítulo VII. El sistema de creencias en la escuela 181

Capítulo VIII. Conclusiones 215

Capítulo IX. Nuestra propuesta 225

Bibliografía 245

Autor 271

INTRODUCCIÓN

1. El fondo

La intención de este trabajo deviene de la inquietud que provoca el constante e ineluctable incremento de la falta de actividad física en la población escolar. Según parece, esa falta de actividad no resulta tanto de la carencia de una adecuada orientación teórica y aplicación práctica de los contenidos de la Educación Física en el ámbito curricular, esenciales para la implementación de los agentes del movimiento, sino más bien de la necesidad de una educación que no haga obvio lo que el sentido común indica como obvio: la actividad física, su rol vital pedagógico y su relación con la salud, las conductas personales (*ethos*) y el medio (*oikos*) son incuestionables. O sea, se trata de una educación que contemple el movimiento corporal como natural, como inherente a la vida; como una posibilidad más para el desarrollo integral, no solo en términos recreativos, lúdicos o deportivos, sino también desde una perspectiva amplia de abordaje que permita descubrir y desarrollar las múltiples y variadas potencialidades latentes.[1]

Los niños son espontáneamente activos y disfrutan de la actividad física y el juego, pero se percibe una tendencia a la adopción de hábitos sedentarios desde edades tempranas, prescriptos por una cultura altamente urbanizada y tecnificada. Esa cultura evoluciona vertiginosamente desde la revolución industrial, con el reemplazo paulatino del hombre por la máquina, hacia la revolución digital, donde se esfuman los límites entre el mundo digital y el analógico,

---

[1] Gardner, Howard (1991), *Inteligencias múltiples*, México, NV ediciones.

que se refleja en la asimetría entre los asuntos humanos y los virtuales (Pozo, 2001), y que según parece empuja hacia una progresiva inhibición de movimientos. Estudios recientes revelan una ausencia de actividad física regular fuera de las horas escolares, que muy probablemente no solo contribuye a bajos niveles de condición física,[2] sino que también conduce a una vida sedentaria.

Vital sería que los niños retengan el entusiasmo por ser activos, así como el hábito de realizar actividad física, sea laboral o lúdica, y que esta conducta se extienda a la adolescencia e incluso a la vida adulta. Abundante bibliografía da cuenta evidente de la importancia de la actividad física para los adultos. Su papel trascendente en la infancia y la juventud se apoya, sobre todo, en la hipótesis de que la participación en actividades físicas aumentará la probabilidad de seguir realizando tales acciones durante la adultez (Pate y Blair, 1978; Shepard, 1984; Simons-Morton et ál., 1987). Además, si bien escapa al objetivo del trabajo, queremos mencionar que los hábitos sedentarios predicen niveles de riesgo en adultos jóvenes y favorecen el aumento de los factores de riesgo de la primera causa de morbimortalidad de esta población (Sallis y McKenzie, 1991).

Estos propósitos trascienden los objetivos de los profesionales que utilizan el movimiento con fines educativos, terapéuticos, recreativos y competitivos (profesores de educación física, kinesiólogos y entrenadores), que aplican los estímulos funcionales con mucha precisión técnica, aunque a veces sin examinar los condicionantes históricos, sociales,

---

[2] Farrally, M. R.; Watkins, J. y Erwing, B. G. (1980), *The Physical Fitness of Schoolboys, Aged 13, 15 y 17 Years*, Glasgow, Jordanhill College of Education. Watkins, J.; Farrally, M. R. y Powerley, A. (1983), *The Anthropometry and Physical Fitness of Secondary Shcoolgirls in Strathclyde*, Glasgow, Jordanhill College of Education. Welsh Health Program Directorate (1987), "Excercise for Health, Health Related Fitness in Wales", Hearbeat Report, núm. 23.

políticos e ideológicos que comporten (Featherstone, 1982; Tinning, 1985; De Watcher, 1988; Kirk y Colquhoun, 1989; Sparkes,1991), y superan la responsabilidad que se asigna en este sentido a la especificidad curricular de la Educación Física (Sallis, 1987). Fundamentalmente, estos propósitos aspiran a impactar en el campo educativo con la intención de generar un espacio de reflexión, sugiriendo un análisis del "uso" de la actividad física que hacen los docentes de grado, dentro de una esfera más amplia, la esfera cultural y social, en aras de aportar algunos elementos de reflexión sobre las estructuras de pensamiento con relación a la actividad física.

Con arreglo a estas premisas y para entender algo más de los procesos de enseñanza y sus derivaciones en la conducta motriz y acciones de los alumnos, así como la incidencia en el pensamiento práctico del docente de grado, se plantea la necesidad de comprender la naturaleza de las creencias y las representaciones implícitas relativas a la actividad física.

Desde este marco teórico, adicionalmente se propone a los docentes: rutinas dinámicas; conocer las posibilidades del movimiento humano;[3] encarar la cotidianeidad desde una perspectiva dinámica (contraponiendo el fuerte condicionamiento hacia formas de vida sedentaria); utilizar la motricidad como forma de relación / expresión (ofreciendo una alternativa de comunicación menos virtual y más carnal,[4] menos racional y más emocional, más encarnada,

---

[3] "Todos los aprendizajes tienen como base de acción el cuerpo: aprendizajes corporales, intelectuales y afectivos" (Sassano, 1999).

[4] Elocuentes son las palabras de Juan José Millas: "Hay individuos que hacen jornadas analógicas de ocho o nueve horas y luego se gastan todo lo que ganan en diversiones digitales. Quiere decirse que al volver del trabajo entran en Internet y se dejan la tarjeta de crédito en sexo o en medicina virtual. Por el contrario, hay gente que tiene su negocio en la Red, pero que derrocha el dinero obtenido con los bits en bares analógicos o en médicos reales, de los que te auscultan y te toman la

más fecunda ante la cibercomunicación telemática[5]); utilizar el movimiento corporal como estrategia para acercarse a la naturaleza,[6] como forma o modo de "andar la vida";[7] en suma, se propone a los maestros ser docentes a la vez que discentes, según la perspectiva heiddegeriana, en términos de aprendiz permanente, y asumir la responsabilidad de dar testimonio, de ser modelo, como portadores de valores.[8]

De igual modo, así como se propone incorporar la actividad física como uso corriente, se intenta lo propio en la estructura misma de las representaciones y los conceptos, "movilizarlos" en la esperanza de recuperar cambios en la forma de educar.

Orientada hacia este objetivo y atendiendo a la opinión de Schon (1983)[9] acerca de que la formación del profesional práctico debe desarrollar tres tipos de conocimientos –conocimiento en la acción, reflexión en la acción y reflexión sobre la acción–, la intencionalidad primera de esta investigación sobre los procesos de pensamiento de los docentes es ofrecer la oportunidad de exponer al escrutinio crítico –esta vez, de los enseñantes, y no de los teóricos,

---

tensión en directo. No sabemos quiénes son más felices, si quienes se ganan la vida en átomos y se la gastan en bits, o quienes se la ganan en bits y se la gastan en átomos" (Trasiego, *El País*, 2 de febrero de 2001).

[5] El dato inmediato en que se basa la psicología es el hombre en movimiento en la dialéctica de sus relaciones con su medio físico y humano. "La actitud, la postura o los movimientos, por sí mismos, expresan lo que experimenta aquí y ahora un sujeto en la situación total actual, tal como él la vive" (Le Boulch (1982).

[6] En el sentido de acercarse al propio cuerpo, en términos positivos, rompiendo con la tradición judeo- cristiana que considera al dolor como sufrimiento y glorificación.

[7] Para ampliar, ver Marx, K. (1992), "La ideología alemana", *La cuestión judía y otros escritos*, s/r, p. 157: "No es la conciencia lo que determina la vida, sino la vida que determina la conciencia".

[8] Ver Scheler (1960).

[9] Citado por José Gimeno y Ángel Pérez (1998), "Pensamientos y acción en el profesor. De los estudios de la planificación al pensamiento práctico", *Infancia y aprendizaje*, núm. 42, pp. 37-63.

investigadores, planificadores educacionales, creadores de currículas, formadores de profesorados, administradores escolares, etc.- la crucial importancia de la relación entre su manera de pensar y la forma de enseñar.

No obstante, somos conscientes de las limitaciones de la propuesta. Para que los docentes adopten los descubrimientos de la investigación, deberían suceder, según Fernstermacher (1980), una serie de acontecimientos: en primer lugar, los docentes tienen que tomar conciencia de sus propias creencias subjetivas sobre la enseñanza; en segundo lugar, estas creencias deberían estar abiertas a una comprobación empírica (verificación que podría obtenerse a través de descubrimientos prácticos de investigación o a través de experimentos del docente); en tercer lugar, una creencia subjetiva puede transformarse en una creencia objetiva si se verifica empíricamente; y en cuarto lugar, las creencias que se pueden mantener objetivamente son las bases razonables para la acción.

A manera de colofón, podemos decir que en la medida que los docentes puedan explicitar sus representaciones implícitas sobre el cosmos, el conocimiento, el hombre y la educación, todas ellas relacionadas con la actividad física desde una visión holística, estaremos avanzando hacia un cambio en la manera de ser y educar.

2. La forma

A modo de guía y para una mejor comprensión del tema, detallaremos sucintamente la estructura y la secuencia de la presentación de este trabajo. El estudio monográfico consta de un amplio rescate de la teoría en la primera parte, y de la interpretación de los datos relevados en el campo y algunas reflexiones derivadas en la segunda parte.

Daremos en el primer capítulo, "La cultura sedentaria", algunas razones teóricas que descubren la naturaleza de la problemática que nos incumbe. En el capítulo segundo, "La perspectiva esférica", sentamos posición y damos cuenta de cuáles serían, según nuestro criterio, las creencias y teorías implícitas del mundo, del hombre y de la educación necesarias para vivir la vida armónicamente. En el capítulo tercero, "Creencias, representaciones, constructos y conocimiento práctico", traeremos posiciones teóricas sobre estos conceptos, así como también contamos cuál es el paradigma que subyace en los procesos de investigación del pensamiento del docente. En el capítulo cuarto, "De la construcción social de la actividad física", hacemos un recorrido teórico amplio y recursivo para respaldar sobradamente el lugar que le ocupa a la actividad física en la vida del hombre. En el capítulo quinto, "La estrategia metodológica", nos hacemos fuertes en la fundamentación de la metodología elegida, la etnográfica, ya que contrasta severamente con los métodos de investigación tradicionales porfiadamente cuantitativos. El referente empírico, la unidad de estudio y de análisis, que en nuestro caso es la Escuela nº 262 Domingo F. Sarmiento, de la localidad de Armstrong, Santa Fe, los sujetos y las interacciones, son minuciosamente descriptos, sin perder casi detalles, en el capítulo sexto. El turno a la teoría emanada del campo, eminentemente fenomenológica, toca en el capítulo séptimo. Los hechos y fenómenos recabados e interpretados a la luz del estado actual de los conocimientos se tornan allí datos relevantes que nos llevan a nuevos interrogantes.

En el último capítulo, y en una firme apuesta por la educación desde una perspectiva esférica, no fungiendo como método, sino antes bien como concepción que comprende todas las dimensiones sustanciales del ser humano, nos arriesgamos en una propuesta utópica en lo macro, pero posible en lo inmediato.

3. De los intereses e intenciones

3.1. Interés personal

Mi formación inicial es la de profesor de Educación Física. Esta formación era, a la sazón, y lo es cada vez más, esencialmente técnica, basada en el aprendizaje de cierto número de gestos codificados que constituyen las técnicas deportivas. Se suman a esa enumeración gestual, enseñanzas de anatomía, de fisiología, de psicología y de sociología, interesantes en sí mismas, pero la mayoría de las veces, insuficiente para dar cuenta de la importancia vital del movimiento, puesto que las imparten en forma simplificada y fragmentada, ignorando a menudo los problemas vitales concretos con los que deberán enfrentarse los profesores de educación física.

Insatisfechos con esta formación enciclopédica y, sin embargo, superficial desde muchos puntos de vista, algunos prosiguen estudios de medicina y otros, de filosofía o de psicología. Personalmente, continué por la kinesiología. Esta formación de cinco años permite profundizar ciertos aspectos terapéuticos relativos al movimiento, fundamentales en las ciencias del movimiento, pero al precio de una ingente cantidad de tiempo dedicado al estudio y la práctica de técnicas sin interés directo respecto del tema que me importaba.

Por resultar esta formación insuficiente para abordar profundamente la relación entre la actividad física y la salud, emprendí como becario del *Deustche Akademisch Austausch Dients* (DAAD) estudios específicos en el *Institut für Kreislaufforschung und Sportmedizin der Deutsche SportHochschule Köln*, de Alemania Federal.

A partir de allí, con mucho interés y siempre insuficientes conocimientos aprendidos por formación académica y aprehendidos empíricamente, y espoleado por una gran curiosidad, no dejé de indagar la relación existente entre la actividad física y la salud.

Mientras tanto, la labor cotidiana en el ejercicio de la Kinefilaxia[10] en el ámbito de la educación universitaria y en el campo de la educación asistemática,[11] principalmente con personas que demandan actividad física regular (acuciadas por la "necesidad", o por prescripción médica, o empujadas por la moda), muestra lo poco eficaz que resulta nuestra tarea como expertos –Técnicos en Salud y Fitness– en técnicas para la adecuada aplicación de los estímulos de movimiento cuando no se analizan críticamente los vínculos con la cultura, los procesos sociales, las ideologías y las biografías de los sujetos.

No es vano seguir insistiendo en la necesidad vital del movimiento, en el valor de la actividad física, tanto para la formación integral del niño como para sostener una óptima calidad de vida. Aunque hay abundante información al respecto, la carencia de actividad física sería achacable a los procesos de formación. En esta línea de reflexión, podemos afirmar que la ciencia hoy permite que los estímulos funcionales[12] sean aplicados en armonía con la naturaleza humana, aprovechando posibilidades, cubriendo carencias y respetando las limitaciones de cada caso; empero, es inútil el intento si no se cumple "la aplicación sistemática

---

[10] Kinefilaxia: término de semiología griega que indica el valor "filáctico" del movimiento corporal. Actualmente conceptualiza uno de los tres agentes propios del hacer kinésico.

[11] Entendiendo por educación asistemática todo acto que promueva el desarrollo personal por fuera de la educación escolarizada, por ejemplo, terapia psicoanalítica, control mental, entrenamiento, etc.

[12] Para que el movimiento sea considerado estímulo, debe alcanzar umbrales mínimos del 30% en los dos componentes del rendimiento humano: la función cardiorrespiratoria y la fuerza muscular en una persona no entrenada.

del estímulo",[13] el principio de la repetición[14] que garantiza las adaptaciones morfológicas y funcionales, aumenta la aptitud física y optimiza la calidad de vida. Este principio de la repetición es inherente a los hábitos, ergo, es inherente a la formación.

Es entonces cuando tras este errático derrotero en los estudios tradicionales, estadio previo del conocimiento cargado de supuestos apoyados en el paradigma biológico, y consciente de lo fragmentado y reducido del camino recorrido, me hice eco de las palabras de Malinowsky (1986):

> Tener una buena preparación teórica y estar al tanto de los datos más recientes no es lo mismo que estar cargados de *ideas preconcebidas*. Si alguien emprende una expedición, decidido a probar determinadas hipótesis, y es incapaz de cambiar en cualquier momento sus puntos de vista y de desecharlos de buena gana bajo el peso de las evidencias, no hace falta decir que su trabajo no tendrá ningún valor. Cuantos más problemas se planteen sobre la marcha, cuanto más se acostumbre a amoldar sus teorías a los hechos y a ver los datos como capaces de configurar una teoría, mejor equipado estará para su trabajo.

Es así que después de este *insight*,[15] decidí abordar el tema de la actividad física y su íntima relación con la vida desde un punto de vista más global y no ajeno a la cultura.

3.2. Interés institucional

Durante los últimos años estamos asistiendo a un resurgir de las relaciones entre la actividad física y la salud en los intereses de la comunidad científica. A estas relaciones, poco caso hacen los expertos, tanto en el momento

---

[13] Mellerowicz (1981).
[14] Para ampliar, ver Ozolin, N. G. (1989), "Sistema contemporáneo de entrenamiento", s/r, p. 107.
[15] *Insight* en el sentido de "percepción repentina" o "darse cuenta repentinamente de algo".

de la confección de las currículas de la Enseñanza General Básica como en el momento de pensar de qué forma hay que enseñar y aprender esos contenidos.

Por otro lado, además la realidad nos muestra que esta relación está siendo ampliamente aceptada por la profesión médica (Fentem, Bassey, y Turnbull, 1988; Bouchard, Shepard, Stephens, Sutton y McPherson, 1990), hasta el punto de considerar a la inactividad física como un factor de riesgo de las enfermedades de la civilización (Powel, Thompson, Caspersen y Kendrick, 1987; Tittel e Israel, 1991).

No obstante, observamos con asombro cuán poco eficaces son las propuestas curriculares, plétoras de contenidos y metodologías, más bien relacionadas con el "saber", cuando la cuestión de la actividad física en la vida cotidiana tiene más que ver con una determinada cosmovisión que se plasma en creencias y teorías implícitas, vinculadas con una determinada manera de "hacer" y "ser" en el mundo.

De esta forma, en la medida en que se hace cada día más evidente la inadecuada adaptación del hombre a su entorno, que se traduce, entre otras cosas, con una salida motriz incompatible con un buen nivel de salud, las escuelas van, aunque lentamente, dando respuestas más técnicas que pedagógicas. Así, en la actualidad nos encontramos con dos modelos hegemónicos que orientan la investigación y las estrategias de promoción de la salud (Cureton, 1987; Bouchard et ál., 1990), y que Devís Devís y Peiró Velert (2000) han llamado "paradigma centrado en la condición física" y "paradigma orientado a la actividad física". Sabemos científicamente de los beneficios del movimiento corporal, y lo transmitimos positiva y científicamente a nuestros alumnos (paradigma centrado en la condición física), pero no lo testimoniamos. ¿Seremos capaces todavía de articular y conjugar con armonía la información con la formación, el lenguaje de la ciencia y la sabiduría, lo cual en la práctica significa plantearse la cuestión de si podremos ser testimonios en medio de la vida cotidiana? Esto es incorporar la actividad física como forma de vida, el movimiento como inherente a la vida (paradigma orientado a la actividad física y al bienestar).

Esta cuestión, entonces, va más allá del planteo curricular; alcanza además una perspectiva crítica a la forma de enseñar. Insistimos: no cuestionamos solo lo que se enseña, sino también cómo se enseña.

En este eje de análisis, la escuela sigue las generalidades de toda institución, y como toda organización, reproduce en micro las estructuras de la sociedad a la que pertenece. La reflexión *ad intra* es inevitable, y es en vano solo atender a los contenidos si no se incluye el análisis de la institución, ya que la organización se suma a los contenidos constituyendo una fuerza educativa potente.

3.3. Interés social

El problema a investigar desde la perspectiva del objeto de estudio y su vínculo con el impacto social justifica cierta preocupación, por su magnitud e importancia. El sedentarismo es un factor de riesgo en sí mismo y coadyuvante de otros factores de riesgo de las enfermedades cardiovasculares, que representan la primera causa de morbimortalidad, tanto en los países industrializados como en los periféricos. En nuestro país, la prevención de estas enfermedades no constituye un núcleo temático de interés, dado que el paradigma del modelo médico hegemónico es esencialmente curativo.

Una tercera dimensión que es necesario contemplar de esta problemática de salud vinculada con su importancia social tiene que ver con la vulnerabilidad del fenómeno. Conocer algunos factores que coadyuvan a la formación de hábitos sedentarios puede ser útil para desarrollar alternativas dinámicas que podrían llegar a contrarrestar los perjuicios del sedentarismo. Al respecto, el Dr. Levison, director del servicio de epidemiología del Centro para el Control de la Enfermedad de Atlanta (EE.UU.), expresa: "Para todos aquellos que trabajamos en la salud pública, el significado de la inactividad como factor de riesgo para las enfermedades cardiovasculares es mucho más importante que otros factores de riesgo por lo que respecta a nuestra capacidad de poder impactar en la salud de la población".[16]

Quedan expuestas las razones de la elección del tema: las creencias de los docentes y su incidencia en los hábitos motores de los alumnos, en el afán de conciliar intereses sociales, institucionales y personales o profesionales, sin perder de vista la pertenencia a un país con prioridades socioeconómicas e indiferencia hacia la salud y la educación.

---

[16] Monahan, J (s/r), "Is Fitness Reaching only the Wealthy?", *The Physician and Sportmedicine*, núm. 15, pp. 181-186 y 201-211.

CAPÍTULO I. LA CULTURA SEDENTARIA

1. Algunas razones teóricas

Actualmente, muchos estudios epidemiológicos, avances en fisiología del ejercicio, experiencias clínicas y datos antropológicos nos permiten afirmar que una cantidad de actividad física es necesaria para una óptima calidad de vida.[17] Si bien no son pocos los estudiosos que formulan teorías del aprendizaje sustentadas desde el movimiento[18] y la mayoría de las formas de educación graduada contemplan programas de educación física y deportes, se está observando en las sociedades capitalistas contemporáneas –tanto en los países denominados desarrollados como por mímesis cultural y procesos de globalización en los países periféricos– una tendencia a la inactividad física en las poblaciones infantiles que se afianza en la adolescencia y se profundiza en la edad adulta.[19]

Todo movimiento voluntario es en su desenvolvimiento real una unidad orgánica de sus funciones físicas y psíquicas que surgieron en el proceso de la lucha por la vida en el paso progresivo de los movimientos salvajes a los

---

[17] Rook (1954); Myasnikow (1958); Stock y Morris (1960); Zukel (1959); Brunner y Mannelis (1960); Montoye (1962); Shapiro et ál. (1965); Dawber et ál. (1966); Karvonen (1966); Kannel (1967); Brügmann (1968); Fox y Haskell (1968); Pyörälä et ál. (1971); Wilhemsen y Tibblin (1971); Gytelberg (1973, 1974); Morris et ál. (1973); Klein (1974); Hollmann et ál, (1980); Roy Sheppard (1981); Ralph Paffenbarger (1978-1982); Sarna et ál. (1993).

[18] Wallon (1942); Buytendij (1949); Claparede (1951); Ajuriaguerra (1957); Gantheret y Shivadon (1965); Lapierre (1977); Aucouturier, Darrault y Empinet (1985); Chokler (1978); Le Boulch (1978);

[19] Mur de Frenne (1997), Tercedor (1998); Mendoza et ál. (1986, 1990).

movimientos específicamente humanos, lo que conocemos como proceso de hominización. La motricidad humana es en sus características esenciales un producto de la forma de vida humana, en especial, del trabajo.

La disminución de la actividad física, entonces, en la forma de vivir, que se manifiesta como una tendencia a la realización cada vez más económica de movimientos corporales, parecería ser consecuencia de la necesidad del hombre de ejecutar cada vez una menor cantidad de esfuerzo físico para apropiarse de la naturaleza y poder sobrevivir, fruto de un proceso que erige a la técnica, la urbanización, la intelectualización y la centralización del poder como paradigmas en el marco de lo que se denomina *civilización occidental*.[20] Sobre todo la técnica ha hecho posible reducir enormemente la cantidad de actividad física en forma de trabajo para asegurar lo imprescindible para la vida de todos. Se asume, en consecuencia, que el uso desmedido de la técnica es la causa de las costumbres sedentarias. Así lo proclama la Organización Mundial de la Salud y la Federación Internacional de Medicina del Deporte (1995) en su declaración sobre los beneficios del ejercicio para la salud cuando dice:

> Durante el presente siglo, la mecanización y automatización han disminuido radicalmente la actividad física humana. Esto se ha observado sobre todo en los países más desarrollados, donde el trabajo manual pesado ha desaparecido casi por completo y los electrodomésticos no solo ahorran trabajo, sino que han reducido drásticamente el esfuerzo físico. La facilidad de disponer de energía discrecionalmente, el incremento del uso de automóviles particulares y el mayor tiempo que se dedica a diversiones sedentarias, cada vez menos participativas desde la acción (televisión, *internet*, espectáculos masivos, etc.) han influido decisivamente en

---

[20] Entendiendo por ello una forma de pensar y obrar fundada en el realismo, el antropocentrismo y el racionalismo.

los estilos de vida inactivos. Estos se propagaron primero en los países industrializados, pero van en aumento también en los países periféricos. La tendencia no se limita a los adultos; hay indicios de que los niños y los adolescentes hoy día son menos activos que antes. Evidentemente, esta disminución de la actividad física se está convirtiendo en un fenómeno mundial. (Boletín de la Oficina Sanitaria Panamericana, 1995).

Al transformar la naturaleza, el hombre se transforma a sí mismo, decía Marx. Y hoy apenas si cobra cuenta de la celeridad de los cambios,[21] por el ritmo de la aceleración tecnológica, que repercuten modificando ostensiblemente su estilo de vida.[22] Se olvida de su pertenencia a la naturaleza,[23] y lo manifiesta tanto en sus conductas y hábitos como en su organización social y en las condiciones de producción y consumo. Olvido que lo aliena y mutila, impidiéndole ser plenamente humano y arrebatándole el placer de ser persona.[24] Tampoco alcanza a percibir la importancia vital de satisfacer los impulsos motrices, aunque no solo motrices. Y si lo hace, es temporal u ocasionalmente, pero no lo incorpora como forma de vida.

---

[21] Estos conceptos los podemos encontrar en Alvin Toffler, "El shock del futuro" y en Landmann, M. (1971), "Das Ende das Individums", s/r.

[22] No se debe pasar por alto la advertencia de Engels de que cada uno de los triunfos del hombre sobre la naturaleza tiene, primariamente, las consecuencias que se habían calculado, pero que en segundo y tercer término también aparecen otras consecuencias que, muy a menudo, pueden llegar a neutralizar aquellos primeros efectos de la intervención humana en la naturaleza (1971: 180).

[23] Naturaleza a la cual –según palabras de Engels (1971)– "pertenece con su misma sangre y carne".

[24] Entendiendo, según la idea de persona como portadora de espíritu, de Scheler, que "el espíritu no tiene por naturaleza ni originariamente energía propia [...] toda forma superior del ser es, con respecto a las inferiores, relativamente inerte, y no se realiza sino mediante las fuerzas de las inferiores" (1996: 82-83).

Un dato de la realidad indica este tipo de aproximación fragmentada a la práctica de la actividad física. La actividad física se oferta y se consume como un "producto enlatado" sensible a los vaivenes del mercado. La necesidad que fomenta el consumo se genera sobre fundamentos recreativos, educativos, estéticos, deportivos o curativos. Este consumo, no está de más mencionarlo, es incapaz de satisfacer las básicas necesidades humanas.

Por otro lado, debemos mencionar que este estilo de vida civilizado,[25] occidental,[26] muy condicionado por el consumo,[27] propio de las sociedades opulentas[28] modernas, además de fomentar hábitos sedentarios, comporta una cadena o red de influencias que atentan contra el equilibrio de la persona y la armonía con el entorno. Muchas de estas influencias relacionadas estadísticamente en mayor o menor medida con las enfermedades prevalentes son denominadas factores de riesgo. Algunos de ellos íntimamente relacionados a los hábitos sedentarios, como desórdenes alimentarios, tabaquismo, estrés, obesidad, alteración de lipoproteínas en sangre, resistencia a la insulina, hipertensión arterial, etc. Estos factores de riesgo intentan ser modificados a través de programas de intervención que indican dietas y dosifican ejercicios físicos como si fueran medicamentos. Necesariamente, entonces, los efectos que se logran son parciales (el 90% de quienes inician un programa de adelgazamiento defeccionan, las cifras alcanzan al 70% entre quienes intentan abandonar el hábito de fumar,

---

[25] Caracterización de civilización que implica: urbanismo y urbanización, la técnica que reglamenta la vida moderna, el intelectualismo y las tendencias a la centralización y al poder (Odum, 1947).

[26] Concepto de Occidente que se sustenta en una determinada manera de pensar y obrar: realismo, antropocentrismo y racionalismo (Magrassi, Maya y Frigerio, 1982).

[27] Illich, I. (s/r), "La pobreza planificada", *Revista Bicicleta Nave 12*, num. 2, Valencia, cedida por Barbanegra.

[28] Galbraith, J. K. (1984), *La sociedad opulenta*, Barcelona, Planeta Agostini.

y al 50% entre quienes comienzan un plan de actividad física),[29] porque la solución, si bien técnicamente factible, es sintomática, ergo, es parcial y fragmentaria.

Un cambio positivo y duradero solo puede ser efecto de cambios en los planos más profundos de la conciencia, que son los de las creencias y las teorías implícitas. Este tipo de cambios consigna una nueva visión de la realidad, una transformación fundamental de nuestros pensamientos, de nuestras representaciones y de nuestros valores. Estos cambios competen a la vida, competen a la educación.

La actividad física, sobre todo cuando es consecuencia de un impulso hacia ella, no solo provee el indispensable mejoramiento funcional de la persona, sino que también promueve perspectivas diferentes en el abordaje y manejo del conocimiento, operando tanto sobre la organización psíquica, intelectual y espiritual cuanto en el plano práctico, instrumental, y comprometiendo a la totalidad de la persona en comportamientos que diferencian e integran múltiples dimensiones. Interesa fundamentalmente su potencial educativo y su forma de llegar a las personas, contribuyendo a su desarrollo integral.

En este sentido, el carácter molar[30] de la actividad física comporta una alternativa cuasi ideal para provocar adaptaciones morfológicas y funcionales, transmitir bienes de cultura y habilidades, y por ser manifestación de conducta, generar hábitos positivos en ámbitos de la salud,[31] "y de alguna manera, coadyuvar al aumento del potencial de adaptación autónoma a uno mismo, a los demás, al ambiente" (Illich, 1978).

---

[29] Alheim (1980).
[30] Cft. Con Henry Wallon, sobre el carácter global de la percepción infantil.
[31] "El movimiento, con un efecto estimulante biológico y psíquico intenso y variado es, a largo plazo, la condición indispensable para el mantenimiento de la salud y de la capacidad funcional del ser humano" (Meinel y Schnabel, 1987: 39).

Las maneras de "utilizar" el cuerpo (más apropiado "de ser / hacer") y la motricidad inherente permiten un mayor ajuste al medio. Así, con el desarrollo de la técnica evolucionaron paralelamente y en consecuencia tanto la forma de trabajo como la manera de "servirse" (ser / hacer) del cuerpo (a los efectos de ser más claros en nuestra exposición, utilizamos provisoriamente un concepto dicotómico de hombre).

Entonces, las formas o modos de "utilizar" (ser / hacer) el cuerpo no son predeterminadas por el código genético, como en el caso de los animales. En el hombre son expresiones y formas artificiales que se transmiten y recrean durante los periodos de socialización del individuo por simple mimetismo, por ende, son inconscientes y representan un verdadero condicionamiento. A ese respecto y en armonía con Lewin (1942),[32] "que toda constancia cultural se base en que los niños, para un desarrollo que los integre a esa cultura, son adoctrinados y formados en la edad temprana de manera tal que sus hábitos permanecen fijados para el resto de sus vidas".

Estos datos sugieren, por un lado, indagar en las etapas de la formación de los hábitos. Estas etapas no son otras que las edades de la "socialización primaria" o "endoculturación", etapas primigenias en las cuales la internalización e introyección de las pautas socioculturales son más pregnantes, estables y duraderas, no tanto por la razón del saber, ya que según Herkovits (1969), es "un proceso que permite que la mayor parte de la conducta transcurra por debajo del nivel del pensamiento consciente", como por la intensidad sensitivo-emocional. Parafraseando a Pozo (2001), podemos decir que estos procesos de aprendizaje implícito van a dar lugar a representaciones implícitas, así

---

[32] Citado por Le Boulch (1982).

como a ciertas generalizaciones o abstracciones a partir de ellas.

Por otro lado, la evidencia muestra que aprendizajes tales como el cuidado del medio ambiente, el respeto por la diferencia, la búsqueda de la paz, la sexualidad y el género, el adiestramiento de la contingencia,[33] el uso del tiempo, la autorrealización,[34] la manera de andar por el mundo (en términos del manejo del cuerpo y las conductas motoras), etc., en definitiva, aprendizajes para la vida, se expresan en términos de desarrollo de la conciencia[35] tanto en términos individuales como en términos colectivos. Coincidiendo con Durkheim (1912) en la "teoría de las dos conciencias", donde la conciencia individual comprende la autonomía personal relativa de que goza cada individuo en el uso y adaptación que puede hacer de las maneras colectivas de sentir, pensar y obrar; y la conciencia colectiva, que se caracteriza por el hecho de ser siempre necesariamente coactiva, apremiante, pero nunca experimentada como tal, así se absorben y se asimilan formas o modos de ser mediante la educación, que luego devienen hábitos y conciencia moral.[36]

Esta "coacción", de la que nacen aprendizajes centrados en torno al adiestramiento del ser humano en el "arte de vivir",[37] comporta en el marco de la educación sistemática una "perspectiva transversal",[38] ya que esos aprendizajes

---

[33] Para ampliar, ver Duch (1997).
[34] Tal como lo concibe Maslow (1993).
[35] Chopra, Deepak (1987), *Como crear salud*, México, Grijalbo.
[36] La idea de que nuestra mente está poblada no solo de representaciones individuales sino también colectivas no es nueva, ya que tiene una larga tradición tanto psicológica (Wundt, 1912) como sociológica (Durkheim, 1912). Los intentos por su conciliación tampoco son nuevos. Confróntese las posturas extremas de Nisbett y Ross (1980), Páez e Insúa (1991) y Farr y Moscovici (1984).
[37] Savater, Fernando (1981), *Ética para Amador*, Barcelona, Ariel.
[38] Sassano (1999).

no se explicitan en las currículas y atraviesan todos los saberes que se transmiten en la escuela. No hay un ámbito específico ni tiempo exclusivo para su desarrollo. Esta "transversalidad" se entiende como una intervención pedagógica "obvia" que aprovecha todas las oportunidades y los espacios. Tampoco hay responsables, ya que es tan "obvio" que todos se deben ocupar de esta tarea, que en consecuencia parecería que nadie se ocupa de ella.

Esta intervención pedagógica, dijimos, consecuente con una visión integral de la vida, no puede ser impostada y tiene lugar en el dominio de la acción. De hecho, la eficacia de su transmisión reclama la conjugación del ser, hacer y decir en un mismo acto, reclama una categoría didáctica esencial, que es el testimonio, el modelo. El niño no aprende por la fuerza de la razón, sino por mímesis, por lo que el adulto hace. El testimonio,[39] entonces, supera la habitual escisión entre el hacer, el decir y el ser. El testimonio da cuenta de la verdad, ya que es la manifestación del ser. Lo elegido como válido. Lo deseable, lo importante, lo prioritario se traducen en decisión y acción.

Esto nos mueve a interesarnos, entonces, por conocer la conducta, las acciones docentes de aquellos que tienen a su cargo los tres primeros niveles de la Enseñanza General Básica. Los maestros de las primeras etapas escolares son unos de los pocos mayores, por fuera del núcleo familiar, con los cuales el niño mantiene una relación que apareja la impronta de la coerción o la coacción: el niño piensa como el adulto, se conduce como el adulto desea o prescribe.

A los efectos de nuestros objetivos, interesa muy especialmente conocer los pensamientos de los docentes, ya que son ellos los que guían sus acciones y conductas. Esta relación entre pensamiento y acción en la enseñanza no

---

[39] Para ampliar, ver Duch, Luis (1995), *La crisis de la educación en la posmodernidad*, Barcelona, Gedisa.

es un problema menor, es antes bien crucial. Puntualizan Nisbett y Ross (1980):

> También decimos poco sobre la manera en que los juicios de las personas afectan a su comportamiento. No es ni una equivocación ni una elección deliberada. Simplemente reconocemos que compartimos. [...] la incapacidad de la psicología para salvar la laguna entre conocimiento y conducta, una laguna que en nuestra opinión es el fallo más serio de la psicología cognitiva moderna.

Además, las conductas cognitivas –como también conductas de otro tipo– no solo están guiadas por un sistema personal de creencias, representaciones implícitas, teorías, modelos, valores y principios, sino que además es este sistema mismo el que le confiere sentido. "Hay que atender a la conducta y hacerlo con cierto rigor, porque es en el fluir de la conducta, o más precisamente, de la acción social, donde las formas culturales encuentran articulación" (Geertz, 1995).

Los procesos de pensamiento de los docentes no se producen en vacío, sino que hacen referencia a un contexto psicológico (teorías implícitas, valores, creencias, representaciones) y a un contexto ecológico (recursos, circunstancias externas, limitaciones administrativas, institucionales, etc.). Con mayor razón, se impone conocer la realidad, que según Berger y Luckmann (1994),[40] "es un mundo que se origina en sus pensamientos y acciones, y está sustentado como real por estos". Realidad que se concreta en rutinas, que crean pautas de habituación, de comportamiento, formas o modos de actuar que se manifiestan como conductas motrices. Y si como dice Thomas Popkewitz (1987: 61) "participar en las escuelas es participar en un contexto social que contiene pautas de razón, normas de práctica y

---

[40] Berger y Luckmann (1994).

concepciones de conocimiento", parecería no vano indagar las representaciones implícitas de los docentes.

Si no es ajeno que la actuación docente es un constructo subjetivo, inseparable de su idiosincrasia, generado a lo largo de su biografía y hasta desde su prebiografía, en un proceso dialéctico de adaptación e integración en los continuos intercambios con el entorno; si es evidente que la manera de pensar determina la conducta del docente, para comprender el pensamiento del docente habrá que indagar sobre sus procesos mentales, los contenidos, métodos y procedimientos tanto de su representación como de su proposición mental, pero sin dejar de considerar que el docente, cuando se enfrenta a una situación real compleja en la que debe intervenir, crea un modelo simplificado y manejable de tal situación, y por lo general, se comporta racionalmente respecto a dicho modelo simplificado (Shavelson y Stern, 1981).

Como corolario, nos parece atinado indagar sobre las teorías implícitas y creencias que tienen los docentes de la Enseñanza General Básica del primer ciclo, que implican actividad física, cómo se establecen las relaciones con las decisiones que toman y las acciones que emprenden y cuáles son las implicaciones que de estas se derivan en los hábitos de los alumnos. En definitiva mostrar que las teorías implícitas constituyen un punto de interés y un punto de encuentro y debate en pos de identificar patrones de conductas, modelos de acción y rutinas en la forma de enseñar en relación con el desarrollo de determinadas formas o modos de andar la vida.

2. ¿Qué buscamos?

En esta investigación cualitativa no se enfrentará la realidad bajo esquemas teóricos rígidos. De hecho, no se requiere la formulación de hipótesis preconcebidas. Por esto no nos planteamos una hipótesis explicativa que determine una relación entre variables, aunque sí se plantea una hipótesis descriptiva que predice la ocurrencia de un fenómeno. Esta hipótesis surge de la situación observada y se concibe solo como aproximación sometida a una constante redefinición. Desde esta cuadratura es que nos preguntamos si acaso no son las teorías implícitas y las creencias cosmológicas, antropológicas, axiológicas y metodológicas que tienen los docentes del Primer Ciclo de la Enseñanza General Básica las que inducen o promueven los hábitos sedentarios en los alumnos.

Y como la finalidad es el factor causal y caracteriza a una acción, entonces nos orientamos hacia los siguientes objetivos:

- Indagar las creencias y teorías implícitas relativas al movimiento y la actividad física que subyacen a acciones y decisiones, patrones de conducta y modelos de acción, en el quehacer cotidiano docente.
- Identificar decisiones y acciones asociadas a las creencias y teorías implícitas en relación con el desarrollo de los hábitos motrices.
- Identificar patrones de conductas, modelos de acción y rutinas en el quehacer cotidiano docente.

CAPÍTULO II. LA PERSPECTIVA ESFÉRICA

Para entender la postura que se defiende en esta tesis, es necesario conformar un marco teórico ecléctico. Nos interesa recuperar espacios de producción de conocimiento e intentar interpretarlos a la luz de la Teoría de la Complejidad, abandonando el monismo disciplinar y entendiendo que la complejidad de los procesos sociales amerita ser escrutada desde más de un lugar. Es así que desde esta teoría, el segundo principio, el de recursividad organizacional,[41] integra coherentemente una postura sobre la visión del cosmos, el sustento epistemológico, la concepción antropológica, la idea de los fines y de los métodos de la educación.

A los solos efectos de otorgar coherencia y facilitar la comprensión de nuestra posición, creemos necesario abordar el tema de la naturaleza de la realidad, en general, y la de la conciencia, en particular, "como un todo coherente el cual nunca es estático y completo, sino que es un proceso

---

[41] "Para darle significado a este término, yo utilizo el proceso de remolino. Cada momento del remolino es producido y, al mismo tiempo, productor. Un proceso recursivo es aquel en el cual los productores y los efectos son al mismo tiempo causas y productores de aquello que lo produce. Reencontramos el ejemplo del individuo, somos los productores de un proceso de producción que es anterior a nosotros. Pero una vez que somos producidos, nos volvemos productores del proceso que va a continuar [...]. La sociedad es producida por las interacciones entre individuos, pero la sociedad, una vez producida, interactúa sobre los individuos y los produce. [...] somos a la vez productos y productores. La idea recursiva es, entonces, una idea que rompe con la idea lineal de causa / efecto, de producido / productor, de infraestructura / superestructura, porque todo lo que es producido reentra sobre aquello que lo ha producido en un ciclo en sí mismo autoconstitutivo, autoorganizador, y autoproductor" (Morin, 1994).

interminable de movimiento y despliegue" (Bohm, 1998), y que nos facilita entender la relación entre pensamiento y realidad. "No perdamos de vista que el docente es un constructivista que continuamente construye, elabora y comprueba su teoría personal del mundo" (Clark, 1985). Entonces, desde este marco teórico, queremos sostener que para una determinada concepción de la realidad la actividad física es inherente a la vida, que los movimientos corporales y las expresiones motrices son manifestaciones espontáneas embrionarias. La idea es evitar confusiones: un maestro o una cultura no crean la necesidad de movimiento, no implantan en el interior de los alumnos la necesidad de moverse, de expresarse. Lo que hacen es permitir, promover y ayudar a convertir en real y actual aquello que ya existe en embrión.

1. Fragmentación vs. totalidad: hacia una cosmovisión

Siempre ha sido necesario y propio del pensamiento del hombre dividir las cosas hasta cierto punto, y separarlas para reducir sus problemas a unas proporciones manejables, porque es evidente que si intentáramos tratar con toda la realidad a la vez en nuestra técnica práctica, nos estancaríamos en ella.

De modo que en cierto sentido, la creación de temas especiales de estudio y la división del trabajo fueron pasos importantes hacia adelante. Incluso al principio, la primera vez que el hombre cobró cuenta de que él no era exactamente lo mismo que la naturaleza, dio un paso crucial, porque ello le hizo posible una especie de autonomía mental que le permitió llegar más allá de los límites inmediatos que le imponía la misma naturaleza, al principio, con su imaginación y, más recientemente, con su trabajo práctico. Sin embargo, esta especie de habilidad que tiene el hombre para separarse de su entorno y para dividir y distribuir las cosas le ha llevado últimamente a un campo de resultados cuando no provechosos, peligrosos y destructores, porque el hombre ha perdido la conciencia de lo que está haciendo y, por lo tanto, ha extendido el proceso de división más allá de los límites dentro de los cuales funciona de manera correcta.

Es cierto que todo conocimiento intenta poner orden y unidad en un universo de fenómenos que se presentan como embrollos, multiplicidades, singularidades, incertidumbre, desorden. El positivismo aportó un método de pensamiento fundado en el doble principio de la disyunción y la reducción, al que denomina simplificación. La disyunción aísla, por principio, al objeto de su entorno y de su observador. La reducción lleva el conocimiento del objeto al de las unidades elementales que lo constituyen y oculta las interacciones organizadoras entre estos constituyentes elementales. El conocimiento científico clásico no conserva del universo de los fenómenos sino lo que puede ser formalizado y operacionalizado. Pero aunque guiado por el mito de la simplificación, la aventura científica es una aventura compleja.

No se crea que por recusar la reducción, repudiamos la distinción, pero dentro de un pensamiento racional, nos debemos permitir "ver el bosque además del árbol". El bosque permanece a la vista solo si se lo mira holística y ecológicamente. La visión holística nos habilita a percibir todo fenómeno integralmente, y la perspectiva ecológica lo relaciona con su entorno. Dice con meridiana claridad Edgard Morin (1997): "Hay que seleccionar, focalizar en lo real, pero saber que focalizamos y seleccionamos. Lo importante es saber permanentemente, acordarse que recorto, reduzco, simplifico por razones prácticas y no para extraer la quintaesencia de la realidad".

Un claro y constante ejemplo de la "reducción" es la historia de Occidente, en la que se afirma que el hombre es un ser constitutivamente indefinible a causa de su movilidad constitutiva que le caracteriza. Nietzsche considera al ser humano como un animal no-fijado, que se ve precisado por recorrer las etapas de su trayectoria vital, desde el nacimiento hasta la muerte. Pero se trata de una movilidad no compacta, sustentada por elementos que deberían ser complementarios, pero que con harta frecuencia, desde una perspectiva fragmentaria, se excluyen, tal como lo manifiestan las polarizaciones exclusivistas y excluyentes de nuestra cultura: Intuición vs. Reducción, Sabiduría vs. Ciencia, Imagen vs. Concepto, *Mythos* vs. *Logos*.

Revisando la arqueología histórica de la cultura occidental, vemos que en Grecia Antigua, la reflexión filosófica se inició como crítica a la sabiduría. De esta manera, se abrió la puerta a la ciencia (*scientia*) que rápidamente desplazó a la sabiduría (*sapientia*). Con el concurso de los nominalismos de finales del siglo XIV y de la metodología impulsada por Descartes, la cultura de Occidente puso en entredicho la saludable y creadora complementariedad entre sabiduría y ciencia. Al extremo actual de sostener la imposibilidad de conciliar armónicamente experiencia con *experimentun*. De esta manera unilateral, empobrecedora y excluyente, se optó, salvo excepciones (Nicolás de Cusa, La Rochefoucauld, Montaigne, Pascal y, más cerca, Mallarmé, Baudelaire y Rimbaud en la poesía, Dostoievski y Nietzsche en las letras, Heisenberg, Bohr, Einstein y Poincaré en las ciencias, sin dejar de mencionar a los contemporáneos Capra, Pribram, Krishnamurti y Bohm), por el *experimentun*, equiparando de manera abusiva lo que era verdadero con lo que era verificable (Horkheimer) en el ámbito empírico.

Nietzsche, a finales del siglo pasado, lúcido ante la distorsión que producía en el hombre occidental moderno la entronización de la ciencia, escribía: "Como nos resultan fríos y extraños los mundos que han sido descubiertos por la ciencia". Y Wittgenstein, ya en nuestro siglo, decía: "Sentimos que cuando todas nuestras posibles preguntas han sido contestadas, nuestros problemas vitales ni tan solo han sido tocados".

No se desdeña el aspecto intelectual, tampoco la idea es exagerar su polarización, solo es una parte del todo. El vocablo *sapienthia*, según San Buenaventura, contiene un aspecto afectivo, sensitivo y sabroso, y también un aspecto intelectual.

"Es instructivo considerar –expresa David Bohm– que la palabra inglesa *health* ('salud') procede de la palabra anglosajona *hale*, que significa *whole* (en inglés, 'todo'). Es decir, estar saludable es estar completo, lo cual es aproximadamente el equivalente del hebreo *shalem*. De un modo parecido, la palabra inglesa *holy* ('sagrado') tiene la misma raíz que *whole*. Todo esto significa que el hombre siempre ha sentido que su plenitud o integridad era de una necesidad absoluta para que la vida valiera la pena de ser vivida. A pesar de ello, consuetudinariamente ha vivido en la fragmentación desde tiempos inmemoriales".

Desde luego, nuestra visión general del mundo no es el *único* factor que importa en este contexto. Es cierto que hay que prestar atención a muchos otros factores, como son las emociones, las actividades físicas, las relaciones humanas, las organizaciones sociales, etc. Pero tal vez porque tenemos ahora un concepto del mundo como de algo no coherente, existe la tendencia generalizada a ignorar también la importancia psicológica y social de tales cuestiones. Lo que estamos sugiriendo es que una apropiada visión del mundo, adecuada a nuestro tiempo, es *conditio sine qua non* para conseguir la armonía de la persona y también de la sociedad como un todo.

En educación, es recién a comienzos del siglo XX que hace su aparición el término "globalización", que podríamos relacionarlo con concepciones holísticas y ecológicas más modernas o con el concepto de educación esférica. El concepto de globalización recurre, fundamentalmente, a argumentaciones psicológicas (Ernest Renan, 1988; Edouard Claparéde, 1908; Wertheimer, Köhler, Koffka y Krueger con la teoría de la estructura Gestalt de la percepción) que sostienen que las percepciones humanas se presentan como unidad, como un todo, y por consiguiente, con un significado desde el primer momento. Esta particularidad perceptiva infantil será también sustentada por Henry Wallon cuando habla de la importancia del acto global. John Dewey, dice en este orden: "Las materias del programa escolar han de marcar una diferenciación gradual partiendo de la primitiva unidad inconsciente de la vida social".

El carácter global de la percepción infantil de la realidad condiciona su desarrollo. Las niñas y los niños no captan inicialmente las cosas por sus detalles y partes aisladas, sino por el contrario, por su globalidad. Posteriormente una labor de análisis debería servir para comprender y matizar esta totalidad, pero esta manera reducida de pensar sobre las cosas se hipertrofia y el proceso de división, útil principalmente para las actividades prácticas, técnicas y funcionales, se convierte en un proceso de fragmentación por el cual el hombre intenta romperse a sí mismo y su mundo para que todo corresponda a su modo de pensar.

Esta miopía en la visión del cosmos es quizá una de las restricciones más limitantes, perjudiciales y omnipresentes de la cultura de Occidente.

La segunda categoría a poner en común, que le otorga sentido a esta tesis, es una idea de hombre que no separe tanto el alma del cuerpo, la materia del espíritu. Habida cuenta de que la física ha disuelto la diferencia, antes radical, entre materia y energía, parece haber llegado la hora de liberarnos un poco del dualismo griego del cuerpo y el alma, y hablarle al hombre, cuerpo y alma, y hablarle como hombre, con el cuerpo y el alma. Ya que "el hombre piensa, sufre, ama, admira y ora a la vez con su cerebro y sus órganos", dice Alexis Carrel. "El que canta ora dos veces", decía San Agustín. Y agrega Bernardino Piñeira (1993): "El que baila ora tres veces".

Con mayor razón, la educación debe tener una imagen de hombre sin la cual sus principios carecerían de raíz y su actividad sería teleológicamente ciega ante el destino predeterminado que, con su formación y esfuerzo, debe alcanzar.

2. El hombre, su lugar en el cosmos

Sustentan esta concepción antropológica de tesis Scheler, Fromm y Maslow, aunque "en todos los casos he tomado las tesis de los autores tratados para examinarlas con lealtad a su contendido, pero con libertad para establecer nuevos vínculos" (Samaja, 2000).[42]

Plantearse la idea de hombre evidencia que la educación es un humanismo. Entonces aparecen las siguientes cuestiones: ¿qué es el hombre? ¿Cómo debe ser? ¿Cuál es su destino? La antropología filosófica levanta el guante e intenta señalar la posición del hombre en el conjunto de los seres y lo que debe ser para ser hombre. Le aclara el sentido de la vida como proceso incesante de humanización, en cuyo desenvolvimiento la educación tiene una misión esencial.

Pensar al hombre como una suma de partes es un reduccionismo peligroso cuando no insatisfactorio. Ni aun

---

[42] Agradezco la deferencia académica y afectiva del Dr. Samaja.

un automóvil puede ser pensado así, pues todos sabemos que aunque construidos por la misma fábrica y los mismos mecánicos, los resultados varían de una unidad a otra. Qué decir entonces de este complejísimo ser, cuyo proceso creacional, inconcluso aún, se pierde en el principio de los tiempos y nos ha llegado a constituir como sujetos bio-psico-socio y como persona espirituales.

Evidentemente, nos resulta fácil pensarnos como un substrato biológico sobre el cual se asientan determinadas cualidades, como por ejemplo, la inteligencia, el habla, los sentidos, una psiquis, un alma, el deseo y otras muchas, confundiendo lo que somos con las distintas miradas que intentan explicarnos.

Lo cierto es que por mucho que nos pese, somos un modesto todo, inconcluso aún, a su vez único e irrepetible, no sumable, y que lucha lleno de angustia por trascender (Guridi, 1994). Esto que retoma Guridi es quizá el más valioso aporte de Max Scheler, una concepción que supera las exaltaciones parciales, sean estas naturales, espirituales o idealistas.

El hombre, por lo que respecta a su cuerpo y a sus funciones fisiológicas, pertenece al reino animal. La posición erecta, la oposición del pulgar, el aumento del volumen encefálico, la visión estereoscópica y el dominio del lenguaje no fueron suficientes logros para emanciparlo de los animales. Fue la autoconciencia, la razón, la imaginación, el símbolo, que rompieron la armonía que caracteriza a la existencia animal. Su aparición convirtió al hombre en una anomalía, en un capricho del universo.

El hombre forma parte de la naturaleza, está sujeto a sus leyes físicas y no puede modificarlas, está sujeto a leyes de causalidad, pero trasciende todo el resto de la naturaleza por el espíritu que lo libera de aquellas, elevándolo como personalidad capaz de autodeterminación. Logra su autonomía y sobrepasa a los demás seres por el espíritu.

Aunque forma parte de la naturaleza, está situado aparte; no tiene casa pero está encadenado al *oikos* que comparte con todas las demás criaturas. El hombre, en esta línea y según idea de Helmut Plessner (Pietrowicz, S. 1992), es un ser *excéntrico*, porque dispone de la posibilidad de distanciarse de sí mismo.

Como tiene conciencia de sí mismo, se da cuenta de su importancia y de las limitaciones de su existencia. Sabe que es mortal. Nunca está libre de la dicotomía de su existencia: no puede librarse de su alma, aunque quiera; no puede librarse de su cuerpo mientras vive, y este le impulsa a querer vivir. La esencia unitaria del hombre se da en la oposición y dualidad de la vida y el espíritu, dos principios de vida diferentes y originariamente opuestos pero concurrentes, inseparables en el dinamismo de su existencia. La vida supera al espíritu por el poder de su energía, pero el espíritu se eleva sobre la vida, pues obra conforme a valores. La vida es teleológicamente ciega, el espíritu es originalmente impotente. Vida y espíritu deben preñarse de forma mutua para vitalizar el espíritu, por un lado, y espiritualizar la vida, por otro.

La existencia humana se halla en desequilibrio constante e inevitable. No puede ser vivida según patrones o modelos de su especie: tiene que inventarla él. El hombre es el único animal para quien la propia existencia constituye un problema –si hasta tiene la capacidad de aburrirse– que tiene que resolver y del cual no puede escapar. "El hombre no es un ser que trae lo que debe ser. El deber ser no son datos, sino conquistas de su ser. Lo que debe ser es esfuerzo activo, acaso angustioso de su existencia concreta, en relación con sus semejantes, con el tiempo y el espíritu" (Mantovani, 1983). No puede regresar al estado prehumano de armonía con la naturaleza; tiene que seguir desarrollando su razón y su corazón hasta encontrar una nueva patria creada por él, haciendo que el mundo sea más humano, y haciéndose a sí mismo verdaderamente humano. Por el espíritu, no desligado pero sí contrapuesto al ímpetu vital, el hombre determina su humanidad.

Así, pues, el problema de la existencia humana es único en toda la naturaleza: el hombre ha salido de la naturaleza, por decirlo así, y aún está en ella; es en parte divino y en parte animal, en parte infinito y en parte finito.

"La necesidad de encontrar soluciones siempre nuevas para las contradicciones de su existencia, de encontrar formas cada vez más elevadas de unidad con la naturaleza, con sus prójimos y consigo mismo, es la fuente de todas sus pasiones, afectos y ansiedades" (Fromm, 1956). En este esfuerzo por realizar y cumplir una armoniosa integración consigo mismo, los demás y el cosmos, que es la necesidad misma de humanización, la cultura desempeña un papel fundamental. Da lugar al desarrollo de las calidades esenciales del ser humano. La educación es una de las fuerzas alentadoras y directivas. La educación, cuando mira la realidad humana esencialmente como bipolaridad de ser psicofísico y ser espiritual, deviene un esfuerzo de elevación del primer estado, que es lo originario, hasta el segundo, que es un estado ideal o superior. Un tránsito de lo biológico a lo humano, según palabras de Immanuel Kant.

En tercer lugar, es válido para la lógica comprensión del trabajo de tesis doctoral exponer la idea de educación consecuente a nuestra doctrina de hombre, a nuestra idea de ontología y metafísica humana, como la suma de transmisiones centradas en el desarrollo del ser humano en el "arte de vivir", como proceso consciente de las múltiples conexiones que el hombre debe establecer para cumplir una vida plena.

3. Educación como transmisión del arte de vivir

Actualmente, la educación puede ser entendida en uno de dos sentidos principales: descriptiva o evaluativamente. Una exposición descriptiva de la educación es un intento de dar cuenta de *cómo son las cosas* en el momento actual sin que necesariamente se formulen juicios de valor. Así, es posible describirla como "el proceso por el cual el individuo adquiere las numerosas capacidades físicas y sociales que le exige el grupo en el que ha nacido y dentro del cual debe desenvolverse" (Anderson et ál., 1968). Por otro lado, una exposición evaluativa de la educación es aquella que se constituye como un intento de estimar y formular juicios respecto al *modo en que deberían ser las cosas,* en vez de cómo son ellas. Centraremos nuestra atención en el sentido evaluativo de la educación. Existe entonces en la educación un interés implícito por aquello que resulta valioso. Lo valioso para la educación es el sentido noológico[43] de la existencia, el punto de colimación de un trabajo educativo que parte de la existencia biológica.

Haremos foco en un proceso educativo que admita las manifestaciones de la vida espontánea, que estimule sus expresiones, *prima vis* del ser incipiente. Una educación donde el individuo no solo exprese algo de su ser, sino que además reciba el aliento y vigor para ordenar sus propias expresiones, y participe de la vida en común. Entendiendo, tras el derrotero de Carlyle, Tolstoi y Bismarck, las palabras de Wilhelm Dilthey: "La educación no es en sí misma un fin, sino el medio para el desarrollo de la vida anímica. O bien puede ser la expresión de un deber ser, de una aspiración a un fin, en suma, de una tendencia de la voluntad que no está al servicio de ningún fin puesto más allá".

---

[43] Se refiere al espíritu considerado como principio del conocimiento, tanto en el orden psicológico como en el crítico.

Que la educación sea algo más que proporcionar conocimientos, que sirva para la vida, que esté en relación directa con las necesidades de la vida no es novedoso, pero tampoco obsta para que no sea ordinario. Con el propósito de mostrar que el "utilitarismo" en la educación es un fin "ínfimo", una degeneración, en palabras de Dilthey, enumeraremos algunos pensadores que ya tuvieron esa preocupación del Renacimiento a esta parte. Según palabras de Berta Braslavsky, es una propuesta que se ha repetido en todos los intentos de reforma educativa. Se vislumbra en los *Ensayos* de Montaigne. Más cerca, Jean J. Rousseau hace ya más de dos siglos proponía, aunque de una manera un tanto vaga, que la educación sirviera para el desarrollo del hombre natural mediante el aprendizaje de la vida; que el niño aprendiera haciendo frente por sí mismo a los problemas de la vida. Lo ideal, para el ginebrino, era que cada uno hiciese el aprendizaje de la vida como un Robinson Crusoe en una isla. Pestalozzi lo plantea expresamente al enfatizar que "el fin último de la educación no está en el perfeccionamiento de los conocimientos escolares, sino en la eficiencia para la vida, no estriba en hacerse con unos hábitos de obediencia ciega y de diligencia en someterse a las prescripciones, sino en prepararse para un obrar autónomo". Más tarde, John Dewey concibió a la escuela como una "comunidad embrionaria". Su ideal era que la educación debe formar para la vida comunitaria por la acción del maestro que pregunta y observa lo que sucede en la clase, con el fin de extraer su significado pedagógico y para ayudar al aprendizaje de virtudes sociales. Dewey enfatizó la necesidad de situar a la educación en relación directa con las necesidades de la vida. En 1897, escribía en *Mi credo pedagógico*: "La escuela debe representar la vida presente, una vida tan real y vital para el niño como la que vive en el hogar, en la vecindad o en el campo de juego". Él fue, por otra parte, el que divulgó entre la pedagogía el principio de la actividad (*learning by doing*), el aprender haciendo.

Semejantes preocupaciones encontramos en dos médicos que pesaron en la pedagogía del siglo XX: Ovide Decroly fundó en 1907 en Bruselas su "escuela para la vida por la vida", y sobre las sólidas bases de la teoría de la *Gestalt* proponía un método activo de enseñanza, globalizado y centrado en los intereses del alumno. María Montessori, que en ese mismo año fundaba la "Casa de niños" de Roma, y encontrando justificación en esquemas sacados del sensualismo y del asociacionismo, propone innovadoras ideas. Dos de ellas, a nuestro entender, se vinculan con el eje de este trabajo: una es que las actividades pedagógicas estén centradas en los intereses y necesidades de los niños; la otra es el énfasis en la "autoeducación", en términos de lo que hoy llamamos educación permanente.

Otro hito dentro de esta búsqueda de realizaciones concretas para encontrar "un puente entre la escuela y la vida", según palabras de Ezequiel Ander Egg (1995), fue la experiencia de Antón Makarenko en la Colonia Gorky y el trabajo que en ella realizara con niños marginados y vagabundos. A través del trabajo manual y la vida en común, con una disciplina establecida por los mismos jóvenes, Makarenko estableció formas pedagógicas de educación para la vida. La misma organización y el funcionamiento del centro educativo estaban enraizados en la vida y en la sociedad que les tocaba vivir. Él fue uno de los primeros en encuadrar las propuestas pedagógicas dentro de un marco político, ya que pensó la educación como un instrumento idóneo para construir el hombre nuevo de la nueva sociedad soviética.

Más cerca de nosotros en el tiempo, la obra de Celestín Freinet es un aporte decisivo en esta línea que busca insertar lo educativo en las realidades concretas. Con su divisa "la escuela para la vida por el trabajo", supo integrar los métodos activos y la libre expresión de los alumnos, otorgando un papel central a la imprenta escolar, cuyas potencialidades había comprobado en la escuela de Ovide Decroly. Como hace unos años dijera el pedagogo alemán Hermann Rohrs, comentando las ideas y realizaciones de Freinet, este había logrado que "el trabajo en la escuela [perdiera] su carácter didáctico rígido para adoptar la forma de una actividad existencial" en la que se daba autonomía al alumno "confrontándolo con sus responsabilidades en el marco de una vida escolar directamente vinculada con la vida".

Aunque aquí solo hemos mencionado a autores y realizaciones, lo que queremos destacar es que el tema y la preocupación no es nueva. Nuestra intención es que esa parte de la educación que es considerada obvia abandone el carácter de obvio y encuentre carácter de "exótico", al decir de Lins Ribeiro.

En nuestro caso particular, todas estas reflexiones y experiencias han sido repensadas desde el marco referencial que nos ofrece el pensamiento de Paulo Freire y de la psicología humanista de Erich Fromm y Abraham Maslow. Una concepción educativa que no solo se ocupe del "cuidado del alma", sino que además tendría que atender al cuerpo, porque el cuerpo, con palabras de Paul Valéry, es "el órgano de lo posible".[44]

La contribución de Abraham Maslow es en la práctica un aspecto de la *Weltanschaung* global, de una filosofía de vida, de una nueva concepción de hombre, que excede los límites de una perspectiva académica y alcanza e induce a la acción. Contribuye a la realización de una manera determinada de vivir una persona, no solo en cuanto individuo, dentro del propio psiquismo, sino también en cuanto ser social, miembro de la sociedad. Convencido de la posibilidad de la construcción de un "mundo bueno", propone

---

[44] Citado por Duch (1997).

estudiar "este temor a la bondad y a la grandeza humana, la incomprensión en torno a cómo ser bueno y fuerte, esta incapacidad de encauzar la propia cólera hacia actividades productivas, este miedo a la madurez, y a la divinización que con ella llega, esta aprehensión a sentirse virtuoso, respetuoso de sí mismo, digno de amor y consideración".

Esta manera de concebir la educación se debe plasmar en una enseñanza, tras la idea de Stenhouse (1982), como arte que expresa a los alumnos de manera accesible una forma de comprender la naturaleza de lo que se enseña. Porque enseñar un ámbito del saber es siempre mostrar una forma de comprender la naturaleza de ese ámbito del conocimiento, su posición y significado en el mundo de la cultura y el conocimiento. Una enseñanza que se conciba como arte, pues la incertidumbre, la complejidad, intencionalidad y singular carácter de la vida áulica requieren siempre una singular y creativa intervención, tanto de interpretación como de propuesta, sin descuidar, como afirma Tom,[45] las consideraciones empíricas y morales, es decir, tener presente tanto su aspecto artesanal como moral.

El sesgo "freireriano" se deja ver en la consideración de la educación como proceso permanente por razones tales como la dimensión inacabada de los seres humanos, y no solo porque los seres humanos son seres históricos, de búsqueda permanente, sino también porque en esta búsqueda adquieren la habilidad de conocer la realidad y de saber qué saben. La índole del cambio que busca comporta la conciencia crítica de la gente en la medida que trabaja mancomunadamente para transformar las condiciones opresivas en que vive. La toma de conciencia racional y la autointegración crítica en la realidad son elementos fundamentales para el cambio. Aunque se entienda a la educación como un subsistema dependiente de los poderes

---

[45] Tom, A. (1985), *Teaching as a Moral Craft*, Nueva York, Longman.

económicos y políticos, los docentes debemos "hacer lo históricamente posible y no lo que desearíamos hacer". Freire recuerda que una transformación profunda y radical de la educación como sistema no puede producirse sino cuando la sociedad se haya transformado radicalmente. En este sentido, los docentes debemos entender que es mucho lo que se puede hacer aun cuando no se cuente con las normas prescriptas para tales actividades.

CAPÍTULO III. CREENCIAS, REPRESENTACIONES, CONSTRUCTOS Y CONOCIMIENTO PRÁCTICO

1. Teorías y creencias educativas de los docentes

Las creencias son hoy en día una temática en boga, razón importante para abordarlas. Pero no menos importante es que constituyen el eje central en la práctica docente y que se han convertido en una línea de investigación que da cuenta de la red de significados que tiene lugar en la docencia.

El interés de abordar las creencias en este trabajo de investigación está estrechamente ligado con la preocupación sobre cómo esa base que nos mueve nos permite experimentar altos grados de certidumbre, cuando esas creencias sostienen una labor tan relevante como la docencia, en la que la incertidumbre es un eje rector.

De entrada, es pertinente señalar que los seres humanos somos, nos movemos y decidimos en gran medida en función de las creencias. Los docentes como sujetos responsables de decisiones para la consecución de su labor se encuentran atrapados en un sinnúmero de presupuestos que se van conformando en el trayecto de su vida profesional, y aun antes de ello. Los procesos de toma de decisiones y la conducta de los docentes están directamente influidos por la forma como el docente concibe su propio mundo profesional.

Son muchos los términos que se han acuñado para denominar estas unidades de información más compleja que sirven para guiar la acción (De Vega, 1984). Así, Oberg (1984) se refiere a los siguientes: "paradigmas (Crocker, 1983); dilemas (Berlak y Berlak, 1975); metáforas (Taylor,

1982); principios (Elbaz, 1983); conocimiento práctico (Elbaz, 1983); hipótesis (Elliot, 1976-77); orientación (Van Mannen, 1977); constructos (Olson, 1980)". Grimmett y McKinnon (1992) las denominan "conocimiento de oficio". De Vega (1984) encuentra sutiles diferencias entre "marcos", "guiones" y "planes". Ya Bartlett (en 1932) o Piaget (en 1936) habían usado el término "esquemas", aunque con sentido algo distinto. Para Rumelhart y Ortony (1977) son "estructuras de datos para representar conceptos genéricos almacenados en la memoria", y lo comparan con un "texto de una obra de teatro". Bohm (1999) las denomina "representaciones".

Una creencia puede definirse como "la información que tiene una persona enlazando un objeto con algún atributo esperado; la creencia está normalmente en interrelación con una dimensión de probabilidad subjetiva o conocimiento" (Fischbein y Ajzen, en Bauch, 1984).

Por otro lado, Wahlstrom et ál. (1982) definen: "Es una declaración hipotética o inferencial acerca de un objeto capaz de ser precedida por la frase: *creo que...*, que describe al objeto como verdadero o falso; correcto o incorrecto; lo que evalúa como bueno o malo; y presupone para actuar, probablemente de diferentes formas bajo diferentes condiciones" (Rockeach y Fischbein, en Wahlstrom et ál., 1982.

Las creencias influyen en las decisiones y acciones de los docentes, de forma que estructuran y organizan su mundo profesional. Spodeck y Rucinsky (1984) proponen la siguiente secuencia entre diversos conceptos relacionados.

Gráfico 1. Muestra el algoritmo de las creencias según Spodeck y Rucinsky (1984)

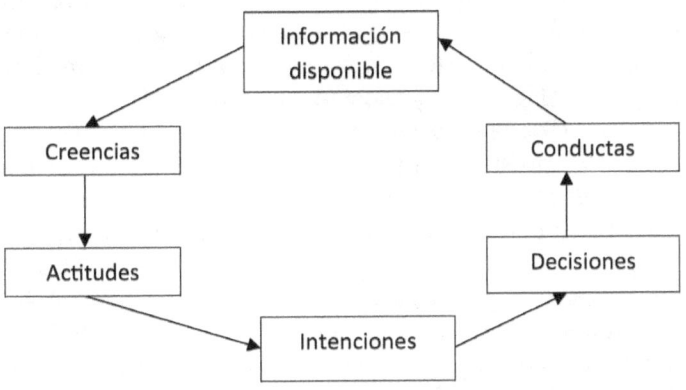

Las creencias y las teorías implícitas de los docentes sirven, al igual que las rutinas, para reducir la necesidad de procesamiento de información del docente. De esta forma, los problemas que se presentan en clase no han de ser resueltos cada vez que ocurren, sino que el docente tiene un "patrón de comportamiento" (patrón de comportamiento que norma la institución) con el que abordar estos problemas. Como señala Gage (1979), "las teorías implícitas capacitan al profesor para llevar la aplastante abundancia de situaciones problemáticas en ocasiones en las que el profesor ha de tomar decisiones en cada momento de la jornada escolar".

Para conceptuar las creencias en el campo educativo, definitivamente hay que recurrir a sus orígenes, a la filosofía. David Hume[46] nos apoya en esta idea al concebir que las creencias tengan una connotación próxima a la realidad. Para él, la creencia "es un acto de la mente que representa a la realidad, o lo que es tomado por realidad

---
[46] Citado por Mansilla (1999).

presente en nosotros en grado mayor que las ficciones, y hace que pese más sobre el conocimiento y que tenga una influencia superior sobre las emociones y sobre la imaginación". Se asienta en esta idea que la creencia es una especie de idea fuerte y vivaz, derivada de una impresión presente relacionada y asociada con ella.

Para Ortega y Gasset, las creencias son ideas básicas, las cuales no surgen ni se arriba a ellas por mediación de procesos o actos particulares del pensar, reflexionar; no son, en suma, pensamientos que tenemos, tampoco ocurrencias o ideas a las que se llega por medio de una laboriosa tarea que siga una perfección lógica o de riguroso razonamiento. De acuerdo con Ortega y Gasset (1999), las creencias "constituyen el continente de nuestra vida, y por ello, no tienen el carácter de contenidos particulares dentro de ésta, cabe decir que no son ideas que tenemos, sino ideas que somos".

Las creencias, en esta perspectiva, son los substratos que funcionan como base de todo cuanto hacemos, lo que pensamos y cómo actuamos; son la base de nuestra vida, el terreno sobre el que acontece la vida. En palabras de Ortega y Gasset, son las creencias las que nos ponen delante de lo que para nosotros es la realidad misma. Sin embargo, es a partir de este continente o mar de creencias que se originan las múltiples formas de pensar de los individuos (razonamiento, reflexión, creación de ideas, ocurrencias, etc.).

Las ideas son diferentes a las creencias. Con el término ideas, se incluyen todas aquellas formas de pensamiento intelectual, incluso teorías, y las rigurosas verdades de la ciencia. Las ideas son producciones nuestras, "las sostenemos, las discutimos, las propagamos, combatimos en su pro y hasta somos capaces de morir por ellas" (Ortega y Gasset, 1999).

Por otro lado, las creencias no las producimos generalmente de manera consciente, ni siquiera son formuladas así, puesto que no las discutimos: "Con las creencias propiamente no hacemos nada, sino que simplemente estamos con ellas". En ese sentido, no se requiere de una faena rigurosa que nos permita llegar al entendimiento, sino que más bien "operan ya en nuestro fondo cuando nos ponemos a pensar sobre algo" (Ortega y Gasset, 1999). Más propiamente, la creencia es "un sentimiento natural no sometido al poder del entendimiento" (Mansilla, 1999).

Dilts (1990) concibe a las creencias como "una generalización sobre ciertas relaciones existentes entre experiencias". De acuerdo con este autor, son estos tipos de generalizaciones las que están determinando los comportamientos y las reacciones de los sujetos ante una situación dada. Esto es, la conducta que el individuo asume depende, en gran medida, de las creencias que se poseen. En un sentido terapéutico, Dilts sostiene que "todos tenemos creencias que nos sirven como recursos y también creencias que nos limitan" (Dilts, 1990).

La implantación de las creencias, en la perspectiva de Dilts, tiene que ver con experiencias vividas por la persona. Algunas de esas experiencias le provocan impresiones que de manera generalmente inconscientes guían su comportamiento ante determinadas situaciones personales y sociales. Estas impresiones significan "algo" inconscientemente, pero le permiten actuar, al fin de cuentas, como cree. Dilts, al igual que los autores anteriores, considera que las creencias "no se basan necesariamente en un sistema de ideas lógico. De hecho son notoriamente refractarias a la lógica. Su función no es coincidir con la realidad. Y como no se sabe realmente qué es lo real, tiene que formarse una creencia: es un acto de fe" (Dilts, 1990).

Villoro (1992) sostiene que la creencia es un término conceptual que se refiere en primera instancia a un estado disposicional interno del sujeto, un estado interno adquirido mediante un complejo proceso de interiorización personal y sociocultural a la vez. Para Villoro, la creencia se refiere a "un estado que debemos suponer en el sujeto para explicar hechos observables, pero no es a la vez necesariamente observable". Es un estado disposicional que, una vez adquirido, se incorpora y permanece más o menos estable en forma inconsciente o latente en el propio individuo.

La disposición, en Villoro, es el concepto clave para comprender las creencias. La disposición no es una ocurrencia, como las respuestas que un sujeto emite, sino un estado permanente del objeto. Las respuestas son actos o hechos que acontecen en un momento determinado, mientras que el estado disposicional precede a las respuestas derivadas de la persona y subsiste aun después de ellas. Al igual que la creencia como concepto teórico, la disposición es un término que se refiere a una "clase de estado no observable en el que debe estar algo para que, dadas determinadas circunstancias, se produzcan determinados comportamientos. La disposición es, ante todo, una condición inicial que añadida a los hechos señalados por el antecedente, explica el consecuente" (Villoro, 1992). De acuerdo con este autor, "toda disposición tiene un contenido que determina cuáles son las acciones a que estoy propenso en el conjunto de acciones posibles". En ese sentido, si no fuese o estuviere así, un estado disposicional interno "sería un siempre estar listo" para efectuar una acción posible o evento. Esta perspectiva teórica de la disposición no es útil para el análisis. Sin embargo, si concebimos la disposición como un cierto contenido a partir del cual se orientan y determinan las acciones posibles a efectuar, y no siempre observables, sí puede ayudar como concepto teórico explicativo y comprensivo de las creencias. En este análisis, por aquí nos moveremos.

Los trabajos sobre las relaciones entre cognición y acción de Miller, Galanter y Pribram (1960); el énfasis que la psicología soviética otorga al papel de la intención en términos de análisis psicológico del pensamiento y la conducta humana (Vygotski, Leontiev, Galperin, Elkonin, 1981); y sobre todo, la teoría de Kelly sobre la elaboración de los constructos personales a lo largo de la experiencia vital del individuo humano abonaron los estudios primigenios sobre el pensamiento del docente.

Para la psicología soviética, el abismo abierto entre el procesador y el ejecutor en la explicación del pensamiento de la conducta debe ser cubierto con el análisis de las acciones del hombre, concebidas en forma más amplia y profunda que las meras manifestaciones observables del comportamiento. Las acciones deben considerarse actividades inteligentes e intencionales desarrolladas sobre los objetos, ya sean actividades explícitas sobre objetos materiales o actividades internas sobre representaciones mentales de los objetos. En cualquier caso, en la acción se encuentran impresas las huellas del pensamiento.

La teoría de Kelly, por su parte, está ejerciendo una enorme influencia en los trabajos e investigaciones sobre el pensamiento práctico del docente. Kelly considera que los seres humanos simplifican y organizan el medio para poder intervenir en él con cierto sentido, interpretando la realidad mediante la utilización de un sistema de constructos personales.

Dice Oberg (1984):

> Un constructo es una abstracción; es una propiedad atribuida a un suceso, persona o cosa. Toma la forma de pareja de términos dicotómicos, por ejemplo, aceptación / rechazo, importante / no importante, gentil / agrio. Cualquier constructo dado puede aplicarse a más de un elemento (suceso, persona o cosa). De acuerdo con la teoría general, para confirmar la identidad de un constructo se requiere identificar al menos dos elementos que constituyan el atributo nominal en el constructo y un tercer elemento que no lo sea.

El sistema de constructos personales de Kelly puede asimilarse en su génesis a la formación de estructuras intelectuales de Piaget, pero en su caso abarcan mucho más que los aspectos cognitivos de los intercambios; son una mezcla de conocimiento, afectividad y acción. No obstante, Kelly, del mismo modo que Piaget, proclama con fuerza el carácter provisional de los constructos que históricamente condicionados crea el individuo en el proceso de su desarrollo. Las ideas son siempre hipótesis, modelos de representación mental de la realidad, que deben ofrecerse continuamente al contraste y la refutación. Los constructos son siempre permeables a las nuevas experiencias y acontecimientos. Además, solo cuando las personas se tornan conscientes de sus constructos, de su carácter provisional e histórico y de su importancia en la interpretación y actuación sobre el medio, pueden proponerse de forma autónoma y consciente su modificación. En esta línea de análisis, cuando Bohm (1997) propone "suspender" las creencias, no significa en modo alguno reprimirlas o abandonarse a ellas, sino prestarles debida atención. Pozo (2001) propone el modelo de la "explicitación progresiva como mecanismo esencial para (re) construir el conocimiento".

Esta concepción constructivista del hombre es tenazmente defendida por Kelly y Piaget más allá de las psicologías que conciben al ser humano como un mero receptor o, en el mejor de los casos, como ser vivo con capacidad de reacción. La adquisición de conocimientos es siempre un acto de cambio en los patrones de pensamiento o sistema de constructos, provocado por la experiencia de resolución de problemas.

Si hemos considerado la enseñanza como una actividad intencional en el medio complejo y cambiante del grupo social, donde el docente interviene como un artista para que los alumnos construyan y reformulen sus propios esquemas de pensamiento, sus propios constructos sobre la realidad, las teorías sobre el pensamiento práctico pueden contribuir a esclarecer los actos de enseñanza al considerarlos actos de conocimiento, actos inteligentes.

2. De cómo se construyen las creencias

Es posible sostener que el conocimiento de las personas "está compuesto por experiencias personales y las creencias que relacionan experiencias entre sí" (Samaja e Ynoub, 1998). Es decir, las creencias juegan el papel de dar unidad, continuidad o derivación a los contenidos de la experiencia. Son representaciones que guían de continuo la experiencia. Estas creencias se conforman, como afirmamos antes, a partir de la experiencia del sujeto, y luego estarán presentes en nuevas experiencias a las que tal sujeto les otorgará significación. Juegan un papel mediador entre el sujeto y sus experiencias. Poco importa si las creencias son verdaderas; se trata de creer en su validez, confiando en su condición de verdad. Cotidianamente, las creencias genuinas ofician como conocimiento probado.

En la experiencia humana se presentan diversas fuentes de conformación de las creencias que los sujetos adoptan para producir y reproducir su vida y su práctica social. Y no es infrecuente, en algunos momentos, el conflicto entre las creencias. La modificación de la práctica profesional requiere del cambio de las creencias establecidas. Pero para producirse este cambio, es necesario que se origine un conflicto entre las creencias, de allí la necesidad de asumir la modificación.

Se examinarán a continuación las fuentes a que la experiencia humana ha apelado para dar forma a sus creencias. Para ello, se presentará de manera muy simplificada la idea de Charles Peirce acerca de los métodos de fijación de creencias, según lo presenta Samaja.

- *El método de la tenacidad*: está basado en los órganos de los sentidos y en los instintos. Parecieran existir ciertos mandatos de conductas de carácter universal para los humanos a los que estos no pueden cuestionar sin un alto costo emocional.
- *El método de la autoridad*: a muchas creencias se accede a partir de adjudicar confianza a quien las propone como válidas. Este método está en la base de todos los procesos de socialización y de educación.
- *El método de los principios o de la metafísica*: se aprecian las creencias, luego se adoptan a partir de una reflexión sobre ellas, evaluando su capacidad para expresar principios generales equitativos y justos. Este método podría haber fundado la vida política al admitir las "verdades más convenientes para todos". Coincide con los que Ladriere (según Samaja) denomina conocimiento sapiencial, contemplativo o hermenéutico.
- *Método de la eficacia o pragmático*: implica un procedimiento que no se conforma con la sola convicción que irradian los principios o la autoridad. Exige la puesta a prueba mediante constatación empírica o confrontación de los principios generales con sus consecuencias.

Para Peirce, este último modelo inaugura los procedimientos de investigación, concepto discutido por Samaja, quien sostiene que la investigación hunde sus raíces en la realidad plena del investigador y en su biografía, y por ello ningún método queda totalmente fuera del desarrollo del conocimiento científico.

Para este trabajo, no nos proponemos establecer las fuentes de creencias o los métodos de adquisición que permitirían crear un instrumental que ayude para la comprensión de los conocimientos, puesto en circulación en las experiencias propias del campo y los mecanismos más aptos para su modificación. Antes bien, queremos entender qué creencias y representaciones tenemos del mundo, del hombre, del conocimiento, si realmente son ellas las que nos inmovilizan.

3. Los métodos alternativos para la investigación del pensamiento docente

La crítica generalizada al paradigma proceso-producto en la investigación sobre la enseñanza, tanto por la magnitud e inconsistencias de sus resultados como, principalmente, por la irrelevancia y escasa aplicabilidad práctica de la mayoría de sus proposiciones (Pérez Gómez, 1983), generó una inquieta y fecunda década de investigación didáctica. La búsqueda de nuevas orientaciones provocó el auge de los modelos mediacionales centrados en el pensamiento del docente y las características internas de los alumnos.

En 1968, en pleno apogeo del paradigma proceso-producto, Philip Jackson publica su obra *La vida en las aulas,* que supone una crítica radical a los planteamientos estrechos de la investigación sobre la eficiencia de la enseñanza. Jackson plantea la necesidad de comprender el pensamiento del docente para entender la naturaleza de los procesos de enseñanza y aprendizaje. Enfatiza especialmente sobre la exigencia de considerar un conjunto de características que singularizan los procesos de enseñanza y aprendizaje:

> La complejidad de la vida en el aula; la ambigüedad frecuente y la polisemia inevitable de las manifestaciones externas del comportamiento, tanto del docente como de los alumnos; la incertidumbre en las reacciones de los alumnos a las estrategias didácticas y la imperiosa necesidad de actuar en el aula de forma inmediata sin espacio de tiempo para la reflexión racional (Jackson, 1994).

Todas estas características peculiares de la vida en las aulas obligan a abandonar el sencillo esquema unidireccional: proceso (comportamiento escolar) y producto (rendimiento académico del alumno). Era preciso empezar a considerar el pensamiento del docente como variable relevante en la vida del aula, tener en cuenta el carácter intencional de la actividad docente y comprender el significado diverso e implícito de las manifestaciones externas del comportamiento.

Las ideas de Jackson pasan desapercibidas ante el ímpetu arrollador de la corriente positivista de los años sesenta, y habrá que esperar hasta 1974, con la Conferencia Nacional de Estudios sobre Enseñanza (*National Institute of Education*, USA), para que resurja con fuerza la propuesta de estudio del pensamiento del docente. El fracaso ya extendido de las investigaciones sobre la conducta del docente y el apogeo de la psicología cognitiva, en particular, los estudios sobre procesamiento de información, fomentan el nacimiento de un nuevo campo de estudio con identidad propia.

Se impone como evidente la idea de que la actuación del docente se encuentra en gran medida condicionada por su pensamiento, y que este no es reflejo objetivo y automático de la complejidad real. Por el contrario, "es una construcción subjetiva e idiosincrática elaborada a lo largo de la historia personal, en un proceso dialéctico de acomodación y asimilación, en los sucesivos intercambios con el medio" (Pérez Gómez, 1984). El docente, ante la complejidad de una situación real en la que debe accionar, simplifica la realidad para su gobierno, y generalmente su conducta es racional. Para comprender entonces el comportamiento del docente, será necesario indagar en sus procesos intelectuales, los contenidos, los métodos y procedimientos, tanto de su representación como de su proposición mental

Dentro de este nuevo clima, se desarrolla un sinnúmero de investigaciones que podemos clasificar, no sin riesgos, en dos corrientes principales: el enfoque cognitivo y el enfoque alternativo. Soslayaremos el enfoque cognitivo, que no hace al interés de este trabajo, y analizaremos con cierta extensión las posiciones del enfoque alternativo, porque además es dentro de esta perspectiva donde se están desarrollando los trabajos más fecundos sobre las teorías implícitas y creencias del docente y su incidencia en la formación del pensamiento práctico (Morine y Dershimer, 1977 y 1979; Yinger, 1977; Smith y Sendelbach, 1979; Clark y Elmore, 1979, 1981, Clark y Yinger, 1979; Mc Cutcheon, 1980); Rodrigo, Rodríguez y Marrero, 1993).

4. Supuestos básicos del paradigma de investigación alternativo sobre el pensamiento del docente

La investigación sobre los procesos de pensamiento de los docentes estriba en dos supuestos básicos. El primero es que los docentes son profesionales racionales, reflexivos, que como otros profesionales –por ejemplo, médicos–, realizan juicios, generan rutinas y llevan a cabo decisiones en un entorno complejo e incierto (Clark, 1978 y 1979; National Institute of Education, 1975). Este presupuesto de racionalidad se refiere en realidad a las intenciones de los docentes respecto a sus juicios y decisiones, más que a su conducta, y ello, por dos tipos de razones. La primera y más obvia es que algunas situaciones de la enseñanza reclaman respuestas inmediatas en lugar de respuestas reflexivas, lo que muy posiblemente no comporte el proceso racional de hacer un juicio o tomar una decisión con un proceso previo de la información. La segunda razón es que la capacidad de la mente humana para formular y resolver problemas complejos, como los que se presentan en la enseñanza, es muy pequeña. Con el fin de abarcar esta complejidad, la persona construye un modelo simplificado de la realidad que se ha construido. Esta concepción de los docentes con "racionalidad delimitada", es decir, racional dentro de su capacidad de procesar información, lleva a una modificación del primer presupuesto: los docentes se comportan razonablemente al hacer juicios y tomar decisiones en un entorno complejo e incierto. Este presupuesto modificado parece preferible a modelos de conductas previos.[47] El segundo supuesto es que el comportamiento de un docente se guía por sus pensamientos, juicios y decisiones. Si esto no es cierto, "los profesores son autómatas de algún tipo" (Fernstermacher, 1980: 36).

Entonces, se asume como premisas fundamentales que "el profesor es un sujeto reflexivo, racional", que toma decisiones, emite juicios y tiene creencias y genera rutinas propias de su desarrollo profesional; y se acepta que "los pensamientos del profesor guían y orientan su conducta" (Clark y Yinger, 1979).

Estas premisas han llevado evidentemente a transformar la concepción que se tiene del docente. Hasta ahora, el docente era un técnico (Clark y Lampert, 1985) que debía dominar un repertorio más o menos amplio de destrezas. En el paradigma de pensamientos del docente, se lo concibe como "profesional activo, inteligente, cuya actividad incluye: establecimientos de objetivos; búsqueda de información acerca de los alumnos y el currículo en el contexto de los objetivos; formulación de hipótesis sobre la base de esta información; su propia disposición a la enseñanza y

---

[47] "Aunque es posible, e incluso popular, hablar sobre conducta del docente, es obvio que lo que hacen los docentes está dirigido en no poca medida por lo que piensan [...] En la medida que el comportamiento observado o pretendido es *irreflexivo*, no hace uso de los atributos más peculiares del docente. Actuando así se torna mecánico, y bien podría hacerse con una máquina" (National Institute of Education, 1975).

el ambiente; seleccionar entre diversos métodos de enseñanza" (Shavelson y Borko, 1979). "El profesor de 1985 es un constructivista que continuamente construye, elabora y comprueba su teoría personal del mundo" (Clark, 1985).

De aquí que el problema de la relación entre pensamiento y acción en la enseñanza no solo se torna crucial, sino que a la vez, problemático,[48] una vez que el discurso puede no tener relación con la práctica docente. Afortunada o desgraciadamente, las investigaciones que estudian los pensamientos, juicios, decisiones y acciones de los docentes no tienen una salida fácil, pues para comprender la enseñanza, debemos comprender cómo se pasa del pensamiento a la acción.

5. Características de los enfoques alternativos

Los enfoques alternativos, que difícilmente pueden considerarse como constituyentes de un único modelo, parten de concepciones bien distintas sobre los procesos de enseñanza-aprendizaje, el papel y función del docente, la naturaleza de la investigación en ciencias sociales, y la relación teoría-práctica. En efecto, su mirada de los procesos de pensamiento del docente y de su relación con la actuación práctica es significativamente diferente. Sus características, el alcance y la proyección en la investigación de problemas de distinto orden están en estrecha correspondencia con la posición epistemológica que asume el investigador ante

---

[48] Puntualizan Nisbett y Ross (1980): "También decimos poco sobre la manera en que los juicios de las personas afectan a su comportamiento. No es ni una equivocación ni una elección deliberada. Simplemente reconocemos que compartimos [...] la incapacidad de la psicología para salvar la laguna entre conocimiento y conducta, una laguna que en nuestra opinión es el fallo más serio de la psicología cognoscitiva moderna".

el objeto de estudio, y no solo con aspectos y datos cualitativos del fenómeno. Las características más relevantes de esta posición alternativa son: las bases conceptuales, el pensamiento práctico y la socialización del profesor.

5.1. Bases conceptuales

Un paradigma diferente que reivindica la especificidad sustantiva y metodológica de las ciencias sociales no puede ser extraño a determinadas concepciones fundantes sobre las que se edifican las propuestas alternativas. La producción de conocimiento válido y la actuación e intervención en los fenómenos sociales deben regirse por planteamientos y criterios propios, distintos a los que pueden haberse desarrollado con éxito en las ciencias naturales.

- De la concepción de hombre: considerar a las personas algo más que meros objetos, susceptibles de reacción y dependientes de condiciones y acontecimientos que escapan a su control; entender que las actuaciones de las personas no pueden explicarse causalmente, como secuencia de sucesos objetivos vinculados por principios causales; creer que las conductas de las personas tienen un carácter intencional, orientado a la realización de metas que aún no existen; constituyen premisas para afirmar que la actuación humana es esencialmente constructiva y creativa. Las personas construyen activamente un conocimiento de la realidad personal y subjetivo, en función de peculiaridades de su experiencia a lo largo de la vida, y no solo de su vida. Este conocimiento personal es la fuente de interpretaciones que cada individuo hace de la realidad, y por ello, de las decisiones y actuaciones subsiguientes. En ciencias sociales, los hechos no se agotan en las manifestaciones observables de los acontecimientos, ni mucho menos en las conductas explícitas. Las acciones en sí mismas no significan nada. Para comprender el sentido de los acontecimientos individuales o colectivos y sus repercusiones, es necesario indagar su interpretación por parte de los agentes y de los receptores.

- De la intencionalidad de la enseñanza: esta no puede entenderse como una actividad causal, lineal, desde la actuación del docente al aprendizaje del alumno. Se la debe considerar intencional, plétora de valores, en un medio psicosocial de intercambios simbólicos, donde los diferentes actores interpretan y proyectan desde su particular mundo de significados construidos. Para Lowyck,[49] la intencionalidad, el significado-valor, la complejidad y la historia son las características más determinantes de la vida del aula. El enfoque alternativo acepta dos perspectivas complementarias como marco de interpretación y análisis de los procesos de enseñanza: 1) la perspectiva fenomenológico-cualitativa, que considera que el comportamiento de los alumnos y docentes es más de lo que puede ser deducido de los hechos observables y debe interpretarse desde la percepción y significados de los agentes; y 2) la perspectiva ecológico-naturista, que entiende que el comportamiento humano se encuentra condicionado de forma compleja por el medio donde se produce. El medio material y el medio psicosocial del aula pueden considerarse un ecosistema de relaciones e interacciones, de intercambios simbólicos que determinan de forma compleja el pensamiento y la conducta del individuo y del grupo.

---

[49] Lowyck, J. (1986), "Pensamientos del profesor, una contribución al análisis de la complejidad de la enseñanza", ponencia presentada en el Primer Congreso Internacional sobre Pensamientos del Profesor, Sevilla.

- De la caracterización epistemológica de los procesos de enseñanza-aprendizaje: contraponiendo la caracterización hegemónica de la enseñanza como tecnología o ciencia aplicada, cuyas normas de intervención se derivan directamente de la aplicación del conocimiento científico disponible a las peculiaridades de la realidad concreta, se propone la consideración de la enseñanza como arte o como una actividad artesanal, teñida de componentes éticos, morales, políticos y normativos. Es decir, no basta con explicitar el objeto de la representación, sino que en términos de Dienes y Perner (1997), hay que hacer explícita también la actitud proposicional o epistémica mantenida con respecto a ese objeto. Para Stenhouse,[50] la enseñanza es el arte que expresa a los alumnos de manera accesible una forma de comprender la naturaleza de lo que se enseña. Enseñar un ámbito del saber es siempre mostrar una forma de comprender la naturaleza de ese ámbito del conocimiento, su posición y significado en el mundo de la cultura y el conocimiento. La enseñanza debe concebirse como arte, pues la incertidumbre, la complejidad, intencionalidad y singular carácter de la vida áulica requieren siempre una singular y creativa intervención, tanto de interpretación como de propuesta. En la línea de pensamiento del Dr. Samaja (2000), la enseñanza se parece al arte, pero no a la religión, en su intento de descubrimiento de nuevas formas de expresión e interpretación, y se parece a la religión, pero no al arte, en su esfuerzo de validación o de legitimación. Tom,[51] por su lado, sostiene que la enseñanza se apoya en consideraciones empíricas y

---

[50] Stenhouse, L. (1982), "El profesor como tema de investigación y desarrollo", *Revista de Educación*, Madrid.
[51] Tom, A. (1985), *Teaching as a Moral Craft*, Nueva York, Longman.

morales, por lo que hay que tener en cuenta tanto su aspecto artesanal como moral. "La educación es un arte moral" (Maritain, 1945).

- Del aprendizaje como construcción: en armonía con esta interpretación de la enseñanza, dentro del enfoque alternativo se conciben los fenómenos de aprendizaje como construcciones subjetivas, situacionales y provisionales que se integran en la cambiante estructura semántica del alumno, ampliando el campo de significación del saber individual y modificando progresivamente las concepciones ancladas. El aprendizaje se proyecta en múltiples campos, refiere tanto a contenidos sustantivos como a procedimientos algorítmicos o heurísticos, a capacidades y métodos genéricos de pensamiento y a técnicas y destrezas concretas, a las esferas cognitivas, afectivas y volitivas, contextualmente condicionada por el escenario exterior y por el contexto psicológico propio. Resumiendo, dentro del enfoque alternativo, solo pueden considerarse educativas aquellas estrategias didácticas que provocan directa o indirectamente en el alumno actividades y procesos de construcción personal.
- Del rol y la función del docente: dentro de esta concepción de la enseñanza, no existe un único modo de comportarse en el aula, ni un modelo ejemplar de actuación; los docentes no pueden aprender un rol racional preespecificado de antemano. Además del carácter incierto e imprevisible de la dinámica del aula, el docente debe afrontar la naturaleza problemática y frecuentemente conflictiva de los intercambios simbólicos que caracterizan los procesos de enseñanza y aprendizaje. Tanto el docente como los alumnos son personas en construcción con diferentes esquemas de interpretación, que se sienten de diversas maneras afectados en el intercambio simbólico de significados

y conductas. Cada uno se comporta conforme al substrato de ideas y sentimientos que configura el marco racional de su actuación, y la interacción puede ser potencialmente conflictiva. "El docente se concibe, entonces, como un artista que se desenvuelve en un medio social complejo, incierto y problemático, de intercambios simbólicos, en los que inevitablemente se implica como actor y receptor" (Stenhouse, 1993).

- De la naturaleza y métodos de la investigación en ciencias sociales: Guba (1983) y Tylor y Bodgan (1987) exponen detalladamente los fundamentos epistemológicos, los criterios de verdad y rigor, y los procedimientos y técnicas de la investigación cualitativa y etnográfica para el estudio de los fenómenos sociales en general, y de la vida en el aula en particular.

No vamos a reproducir aquí un análisis tan extenso y minucioso. Solo indicaremos que cuando el objeto clave de la investigación no son los hechos y manifestaciones observables de la conducta individual o colectiva, sino los significados latentes, la interpretación subjetiva que hacen los alumnos y el docente de los acontecimientos en el aula, se requieren estrategias y procedimientos metodológicos distintos.

El énfasis en las observaciones densas y prolongadas en el medio natural para recoger los datos con la frescura, riqueza, complejidad y ambigüedad de la propia vida en el aula es la primera característica de este enfoque metodológico (observación participante). La segunda se refiere al contraste de las interpretaciones entre los participantes, la realidad y el observador como medio de identificar no solo los diferentes significados y sentidos conferidos a un mismo acontecimiento, sino también la misma forma de elaborar, transmitir y modificar la interpretación subjetiva de la realidad por cada uno de los agentes y receptores de la comunicación en el aula (triangulación). La tercera característica que debe resaltarse es la función formadora de la investigación cualitativa y etnográfica. Para que los datos puedan provocar la reflexión de los alumnos y del docente, deben ofrecerse en informes descriptivos, en narraciones vivas que respeten y recojan la riqueza, naturalidad y complejidad de los intercambios en el aula (investigación educativa). Por último, es necesario contrastar los relatos verbales con la observación directa de la acción. La información directa, viva y minuciosa de la actuación del docente, contada por él mismo a través de diarios y autobiografías, es una fuente de valor inestimable en todos los enfoques de este estudio alternativo.

Dentro de la pluralidad y flexibilidad metodológica que utiliza el enfoque alternativo, cabe distinguir dos perspectivas metodológicas que aun dentro del marco común significan por sus planteamientos y matices diferenciales:

- La perspectiva fenomenológica estudia el comportamiento, las intenciones, los motivos para comprender la vida del hombre desde su propia perspectiva actual. Su objetivo es comprender la enseñanza tal y como es vivenciada por el docente, identificando los determinantes individuales, sociales y profesionales de su intervención didáctica.
- La perspectiva biográfica, por su parte, enfatiza los aspectos conscientes e inconscientes, el pasado y el presente. El estudio biográfico es un modo de interpretar el pensamiento y la acción de la persona a la luz del pasado. Es un procedimiento crítico de deliberación que se propone encontrar el sentido educativo de los pensamientos, acciones, sentimientos y actitudes y experiencias del docente. Se preocupa por la formación de la conciencia del docente a lo largo de su experiencia.

Tras exponer las bases conceptuales de este paradigma, podemos concluir que el factor que diferencia a la investigación sobre pensamientos del docente de otros enfoques es precisamente la preocupación que tiene por conocer cuáles son los procesos de razonamiento que ocurren en la mente del docente durante su actividad escolar.

5.2. Conocimiento práctico

Como afirman Clandinin y Conelly (1984),[52] la práctica de la enseñanza es a la vez la expresión y el origen del conocimiento práctico del docente. El conocimiento práctico del docente se genera en la acción y se proyecta en la acción. Los estudios dirigidos a analizar el conocimiento práctico personal de los docentes son quizá, como ya dijimos, una de las más recientes líneas de investigación dentro del paradigma de pensamiento del docente. En la década pasada, se incrementó el interés en el conocimiento práctico del docente (Carter, 1990) o conocimiento del oficio (Grimmett y McKinnon, 1992). Este aumento fue influenciado por la creciente insatisfacción con la investigación que se enfocaba exclusivamente en el comportamiento docente. En particular, han sido muy criticados los resultados de la investigación proceso-producto. Por investigación proceso-producto nos referimos a la tradición en investigación en enseñanza que fuera inspirada, entre otros trabajos, por el de Gage (1979). Su principal característica es la búsqueda de variables "efectivas" en el comportamiento docente, esto es, comportamiento que corresponda positivamente al logro del alumno. Luego de que la relación correlativa es establecida, el siguiente paso consiste, de regla, en determinar la influencia exacta de

---

[52] Citado por Gimeno, J. y Gómez, A. (1988), "Pensamiento y acción en el profesor: de los estudios de la planificación al pensamiento práctico", *Infancia y Aprendizaje*, núm. 42, pp. 37-63, Madrid.

la variable particular en el estudio de un grupo de control experimental (Rosenshine y Stevens, 1986). Doyle (1990) ha argumentado que el foco de la investigación proceso-producto en indicadores de efectividad ha guiado a una visión despersonalizada, descontextualizada y mecanicista de la enseñanza, en la cual no se reconoce la compleja empresa de la enseñanza. El reclamo subyacente de conocimiento fue que la investigación pudiera prescribir lo que los docentes deben saber y cómo deberían actuar en clase. Sin embargo, también se ha argumentado que para comprender el complejo proceso de enseñar, es necesario entender el conocimiento docente construido y usado "en acción" (cf. Schön, 1983). En lo que ha sido llamado "cambio cognitivo" (Clark y Peterson, 1986), el foco de la investigación se ha dirigido hacia las concepciones o pensamientos que subyacen a la acción del docente. Desde esta perspectiva, el concepto de conocimiento práctico se refiere al conjunto integrado de conocimientos, concepciones, creencias y valores que los docentes desarrollan en el contexto de la situación de enseñanza. Basados en la visión de que la investigación no puede controlar la práctica, y prescribir lo que los practicantes deben conocer y hacer, la investigación en conocimiento práctico docente puede ser vista como el resultado de la crítica a la investigación de proceso-producto, y el reclamo de conocimiento que se corresponde con esa visión. Reconociendo la naturaleza compleja y de contexto específico de la enseñanza, esta investigación podría fortalecer a los docentes y elevar el estatus de la enseñanza como profesión (Doyle, 1990).

Esta categoría, relativamente nueva en la literatura, no se refiere a los conocimientos teóricos o conceptuales, sino que es "el cuerpo de las convicciones y significados, conscientes o inconscientes, que surgen a partir de la experiencia, es íntimo, social y tradicional y se expresa en acciones personales" (Conelly y Clandinin, 1984). Es un conocimiento dirigido a la acción, que trata sobre cómo "hacer las cosas" (Elbaz, 1983),[53] que los docentes van adquiriendo como consecuencia de su experiencia docente. El conocimiento práctico no se aprende tanto en los libros como a partir de la propia experiencia o de la transmisión oral de otros docentes (Bromme y Brophy, 1983).

Connelly y Clandinin (1984), tras una investigación de carácter etnográfico, concluyeron que el conocimiento práctico está compuesto "tanto de contenido experiencial como de filosofía personal, ritual, imagen y unidad narrativa". Elbaz (1980), por su parte, siguiendo la línea de Souers (1976) y Spindler (1982), cree que si bien el conocimiento instruccional del contenido a enseñar y del currículum es importante, no es el único conocimiento que necesita el docente para desarrollar su profesión. El conocimiento de sí mismo y del medio es algo que el docente va adquiriendo, y normalmente no forma parte de la currícula de formación del profesorado.

Por último, insistimos en decir que los avances más importantes de la investigación sobre pensamientos del docente han sido los trabajos que estudian su conocimiento práctico personal. Este conocimiento alejado de la erudición surge como consecuencia del desarrollo profesional de los docentes. Guía y organiza su conducta y aúna otras construcciones como las creencias, principios, representaciones, concepciones, etc.

Es imperativo, entonces, investigar el pensamiento del docente para tomar conciencia de los propios esquemas y procesos que posibiliten el cambio. Dice Popkewitz (1988):

> Las ideologías profesionales, los intereses sociales y culturales y las condiciones sociales concretas en que se realiza la enseñanza crean en el profesor un conjunto de perspec-

---

[53] Elbaz, F. (1998), *The Teacher's Practical Knowledge: A Case Study*, Universidad de Toronto.

tivas con las que gobierna en el aula. Así, para conocer y comprender lo que el profesor piensa en el transcurso de su actividad docente, debemos analizar la profundidad de las conductas.

Antonio Fraile (1995) puntualiza los aspectos necesarios para analizar el pensamiento del docente:
- Lo que describe en su programación como objetivos explícitos a conseguir con sus alumnos.
- Las reflexiones que realiza de su programa.
- Las variaciones que va introduciendo.
- Las estrategias metodológicas que emplea en sus prácticas.
- ¿Cómo toma decisiones y resuelve problemas?
- ¿Qué cambios se producen sobre las teorías, opiniones, juicios y conceptos que conoce y emplea?
- ¿Cuál es el papel que juega dentro de su contexto escolar, relacionado con su participación en los órganos de gobierno? ¿Cuál es su relación con el resto de los docentes, con los padres, con las actividades extraescolares?

Agrega Fraile: el docente maduro es aquel que formula explícitamente sus teorías y creencias sobre los alumnos, el plan de estudios y el papel del docente.

De lo expresado hasta aquí inferimos la necesidad de ampliar la investigación, más allá de lo verbalizado por los docentes. El pensamiento práctico se expresa a través de hechos objetivados y puede ser juzgado a través del registro de los datos objetivos. No se niega el valor de la palabra, sino que se amplía lo que se podría denominar el modelo pedagógico.

5.2.1. De la naturaleza del conocimiento práctico docente

Es generalmente aceptado que el conocimiento práctico guía la acción docente en la práctica (Lantz y Kass, 1987;

Brickhouse, 1990; Verloop, 1992). Consecuentemente, el conocimiento práctico del docente puede ser considerado el núcleo de la profesionalidad docente. Se describen a continuación sus características más relevantes:

1. Es conocimiento orientado a y por la acción, adquirido sin la ayuda directa de otros (Johnston, 1992). Es la sabiduría acumulada del docente basada en su experiencia, que puede usar inmediatamente en su propia práctica de enseñanza (Carter, 1990; Beijaard y Verloop, 1996).

2. Está ligado a la persona y al contexto. Les permite a los docentes alcanzar las metas que ellos valoran personalmente (Johnston, 1992).[54] Además, el conocimiento práctico está afectado por las preocupaciones docentes sobre su propio contexto de enseñanza. Por lo tanto, el conocimiento práctico es específico de la situación, ya que se adapta al contexto que incluye al estudiante, el libro de textos y otros materiales didácticos, el currículo, la cultura escolar, etc. Este contexto puede cambiar considerablemente, incluso a lo largo del país (Stigler, Gallimore y Hiebert, 2000).[55] La formación disciplinar del docente también pareciera jugar un rol importante en este sentido. Especialmente en enseñanza secundaria y superior, la formación de la identidad profesional del docente está fuertemente determinada por la materia que enseña (Sikes et ál., 1991).[56]

3. Es para la mayoría un conocimiento implícito o *tácito*. Se encuentra más en un ambiente del "hacer" que del "conocer" (Clandinin, 1986; Eraut, 1994). Consecuentemente, desarrollar un conocimiento base

---

[54] Citado por Beijaard y Verloop (1996).
[55] Ibíd.
[56] Ibíd.

compartido parece ser más problemático para los docentes que para cualquier otro campo profesional.
4. Es un conocimiento integrado: conocimiento formal o científico, conocimiento cotidiano, incluyendo normas y valores, como también conocimiento experimental son parte del conocimiento práctico (Handal y Lauvas, 1987).[57] El proceso de integración de conocimientos está guiado por la experiencia que juega un rol fundamental en el desarrollo o cambio del conocimiento práctico. A través de este proceso, el conocimiento práctico encierra elementos del conocimiento formal, adaptados al contexto de enseñanza. Tales elementos pueden ser derivados de la educación formal inicial del docente tanto como de actividades escolares durante su práctica profesional (Beijaard y Verloop, 1996). Sin embargo, los investigadores aún solo comprenden mínimamente cómo los docentes integran conocimientos de diversas fuentes dentro del marco conceptual que guía sus acciones en la práctica (Eraut, 1994).[58]
5. En la construcción del conocimiento práctico, las creencias del docente desempeñan un papel protagónico. Como parte del conocimiento práctico, creencias y conocimientos están estrechamente vinculadas, pero por su naturaleza las creencias actúan como filtro a través del cual el nuevo conocimiento es interpretado y, consecuentemente, integrado al marco conceptual (Pajares, 1992).[59] Las creencias, por lo tanto, ocupan un lugar axial en la organización del conocimiento y la definición del comportamiento (Richardson, 1996).[60] Las creencias pueden referirse a valores pedagógicos

---

[57] Ibíd.
[58] Ibíd.
[59] Ibíd.
[60] Ibíd.

tanto como a la enseñanza de determinada materia o tema. Tales creencias están influenciadas, entre otras cosas, por sus propios maestros, por la crianza de sus propios hijos o por sus antecedentes disciplinares.

5.3. Los procesos de socialización o adquisición del pensamiento práctico

Podemos definir la socialización del docente como el proceso de intercambio cotidiano con el medio profesional, mediante el cual adquiere progresivamente el pensamiento personal práctico que determina su conducta docente (cf. Contreras, 1988).[61]

Dos son las perspectivas que aglutinan la mayoría de las pesquisas y trabajos que se han ocupado de analizar los procesos de socialización o de adquisición del pensamiento práctico del docente: la perspectiva funcionalista y la perspectiva dialéctica.

1) La perspectiva funcionalista asume el supuesto de que en los procesos de socialización, el hombre como individuo o como profesional se limita a reaccionar a las instancias externas y determinantes de las instituciones, para mejor adaptarse a las posibilidades ofrecidas por el medio en que vive. Este proceso de socialización se conforma sobre la base de los siguientes factores:
- Las experiencias tempranas como alumno. La socialización tiene lugar a lo largo de un prolongado proceso de internalización de modelos de enseñanza durante su vida de estudiante en estrecho contacto con los docentes y la cultura escolar. Allí no solo se impregna de las ideas sobre los procesos de enseñanza

---

[61] Sobre esta temática, cabe resaltar el importante trabajo de Domingo Contreras (1988), "De estudiante a profesor. Socialización y aprendizaje en las prácticas de enseñanza", *Revista de Educación*, Madrid.

y aprendizaje, sino que además copia los mismos procesos de comportamiento en la vida escolar. Este es el aprendizaje experiencial definitivo que configura el pensamiento práctico y que apenas será modificado por los posteriores entrenamientos de los estudios profesionales.

- La influencia de las personas que controlan y evalúan su ejercicio profesional. La socialización se considera un proceso de sumisión a los patrones de conducta que exige el poder. Los supervisores de las prácticas desempeñan un rol importante, no solo porque muestran pericia en las situaciones problemáticas áulicas que el novato desea aprender, sino también porque son personas con autoridad, con capacidad para evaluar y corregir.
- La influencia de los compañeros. Los condiscípulos son portadores de una cultura profesional que se extiende como denominador común de la práctica de la mayoría de los docentes, y que al prolongarse en las sucesivas generaciones configura las señas de identidad de la profesión docente.
- El rol de los alumnos como agentes de socialización. Los alumnos asimilan y reproducen la cultura de la escuela. Los alumnos internalizan comportamientos generados o exigidos por la escuela y luego esperan y demandan de los docentes conductas acordes con los esquemas aprendidos. De allí que los alumnos se conviertan dentro del ecosistema del aula en poderosos agentes que condicionan el comportamiento del docente.
- La influencia de la estructura burocrática de la escuela. La socialización del nuevo docente es un proceso lento de asimilación de las creencias y prácticas específicamente asociadas a la vida burocrática de la escuela y la subcultura profesional que se genera dentro de ella.

El influjo de toda institución por imponer los comportamientos que garanticen su supervivencia debe ser reconocido como un factor clave en el proceso de socialización del profesor.

- La escasa consideración de la influencia de los programas formales de formación inicial y de los programas permanentes del profesorado, que refleja el desprecio que los docentes tienen por las teorías educativas como cuerpos de conocimientos sistemáticos y coherentes aplicables a la resolución de problemas reales. El pensamiento práctico del docente se encuentra social e institucionalmente determinando, y a menos que modifiquemos las condiciones materiales en que se produce su trabajo, seguirá imponiéndose sobre el individuo la cultura que genera la estructura social de la institución.

2) La perspectiva dialéctica parte de supuestos bien diferentes. En primer lugar, considera el desarrollo del hombre como un intercambio constructivo entre los patrones y esquemas de pensamiento y acción ya adquiridos y las condiciones del medio social donde el hombre vive. Los importantes influjos del medio no son determinantes, puesto que el individuo mediatiza su incidencia al interpretar subjetivamente la realidad en que vive. El hombre es a la vez factor y producto, causa y efecto del medio en que vive. En segundo lugar, cualquier institución social, y la escuela en particular, es escenario de las ideologías abiertas o tácitamente confrontadas, con interpretaciones diferentes sobre su sentido, estructura y finalidad. Apple (1978) considera que toda teoría que pretenda explicar la socialización debe abarcar tanto los procesos de aceptación como los procesos de resistencia y rechazo de las normas impuestas por la institución social. Entonces, la perspectiva dialéctica concibe la socialización del docente como un

largo proceso de intercambio y equilibrio entre elecciones y rechazos en la actividad intencional del docente dentro de la estructura de la escuela.

Lacey (1977)[62] desarrolla el concepto de estrategia social como conjunto coordinado de sistemas de ideas y acciones para analizar las respuestas conscientes, intencionales y diferenciales de los docentes nuevos. Distingue tres tipos de respuestas bien diferenciadas:
- Respuestas de sumisión estratégica, adaptación superficial y ficticia a las exigencias impuestas por la institución.
- Respuestas de adaptación internalizada, adaptación por convicción, conforme a la teoría funcionalista.
- Respuesta de redefinición estratégica, respuestas constructivas generadas idiosincráticamente por el sujeto; representan una alternativa personal en el conflicto individuo-institución.

A modo de conclusión, decimos que en la génesis del pensamiento del docente no puede aislarse, pues, ningún factor por sí solo determinante de su sentido y su naturaleza particular.

6. Las teorías implícitas del docente: vínculo entre cultura y la enseñanza

En la institución escolar, no sucede otra cosa que lo que sucede en la vida social colectiva, donde la persona no tiene que preguntarse cómo actuar ante cada situación

---

[62] Citado por Pérez A. y Gimeno J. (1988), "Pensamiento y acción el profesor: de los estudios de la planificación al pensamiento práctico", *Infancia y Aprendizaje*, s/r.

(Durkheim).[63] En este sentido, la cultura es el soporte que precede y dicta las decisiones a tomar. La institución escolar, singularmente, también posee ese carácter cultural que le dicta las acciones a seguir. Con el agravante de que esas acciones, si bien han prestado un gran servicio al hombre en cuanto a la seguridad que le ofrecen en lo que se refiere al bienestar material, siempre han descuidado el desarrollo trascendental de la persona. En este sentido, lo institucional, lo normativo, se mantiene siempre por encima de a quién supuestamente sirve. El Estado, la sociedad, la educación, la empresa, la salud, la seguridad, el gobierno, la producción, la religión, las normas, las leyes y hasta las creencias requieren ser servidos, pero no centran su atención real en la persona.

Decimos esto porque si bien entendemos que el docente es mediador entre el alumno y la cultura a través de su propio nivel cultural, por la significación que le asigna al currículo en general y al conocimiento que transmite en particular, y por las actitudes que tiene hacia el conocimiento o hacia una parcela especializada de él, no podemos soslayar la importancia del entorno normatizador. La tamización del currículo por los docentes no es una simple cuestión solo de interpretaciones pedagógicas diversas, sino también de sesgos en esos significados que desde un punto de vista social, no son equivalentes ni neutros. Entender cómo los docentes median en el conocimiento que los alumnos aprenden en las instituciones escolares es un factor necesario para que se comprenda mejor por qué los alumnos difieren en lo que aprenden, las actitudes hacia lo aprendido y hasta la misma distribución social de lo que se aprende (Gimeno Sacristan, 1988). Por otra parte, las posiciones pedagógicas ante problemas relacionados

---

[63] Citado por Guy Rocher (1985), *Introducción a la sociología general*, Barcelona, Herder.

con la enseñanza en general o con los contenidos del currículo no son independientes de la mentalidad, de la cultura global y de las actitudes del docente. ¿Cómo se concibe al conocimiento? ¿Cómo se organiza? ¿Qué papel se concede a su relación con la experiencia del que aprende? ¿Cuál es su trascendencia social y su relación con la vida cotidiana? ¿Cómo evoluciona? ¿Cómo se comprueba su posesión? Estos son aspectos cruciales sobre los que interrogarse en un modelo de enseñanza para analizar su especificidad (Pérez Gómez, 1984).

El estudio de las teorías implícitas de los docentes pretende, básicamente, explicar la estructura latente que da sentido a la enseñanza, a la mediación docente en el currículo. Las concepciones de los docentes sobre la educación, sobre el valor de los contenidos y procesos propuestos por el currículo y de sus condiciones de trabajo los llevarán a interpretar, decidir y actuar en la práctica, esto es, seleccionar libros de textos, tomar decisiones, adoptar estrategias de enseñanza, evaluar el proceso de enseñanza y aprendizaje, etc.

Han sido diversos los conceptos (Oberg, 1985) y metodologías (Clandinin, 1986; Clandinin y Connelly, 1986 y 1987; Clark y Peterson, 1986; Marcelo, 1987; Sanders y Mc Cutcheon, 1984; Yinger, 1986) empleados en el estudio del conocimiento profesional del profesorado. Unos los definen como "creencias", en el sentido de declaraciones hipotéticas acerca del objeto. Otros prefieren recurrir a la noción kellyniana de "constructos" para referirse a modelos personales para predecir y controlar acontecimientos. Mientras otros prefieren hablar de "conocimiento práctico" o conjunto de ideas y acciones para hacer frente a situaciones problemáticas. Cualquiera de estas interpretaciones alude a un tipo de conocimiento experiencial representado en imágenes o constructos más o menos esquemáticos y de carácter subjetivo, personal y situacional. Lo decimos una vez más: un problema no resuelto en la investigación del pensamiento del docente es la conexión entre conocimientos subjetivos, más o menos vinculados a entramados culturales, y teorías formales, divulgadas a través de la formación profesional y que están presentes en la cultura a la cual pertenecen (Martínez Bonafé, 1989). En esta línea de pensamiento, es especialmente relevante analizar las creencias y visiones (Tobin y McRobbie, 1996)[64] o el conocimiento práctico (Duffee y Aikenhead, 1992) de los docentes para no mal entender su participación en las reformas educativas. Muchos han sido los juicios de los diseñadores de currículo que culpan al docente por su relativa falta de éxito en numerosos esfuerzos de reforma de currículo, por no considerar a los docentes, a los estudiantes y a la cultura en la cual el nuevo currículo debe ser situado (Wallace y Louden, 1992).[65]

Desde nuestro punto de vista, las teorías implícitas de los docentes sobre la enseñanza pretenden explicar esta conexión. Las teorías implícitas son teorías pedagógicas personales reconstruidas sobre la base de conocimientos pedagógicos históricamente elaborados y transmitidos a través de la formación profesional y en la práctica pedagógica. Por lo tanto, son una síntesis de conocimientos culturales y de experiencias personales que conforman lo que desde otros puntos de vista se viene denominando "pensamiento práctico" (Pérez y Jimeno, 1988; Elbaz, 1983) o "teorías epistemológicas", con la diferencia de que las teorías implícitas se apoyan en una teoría de la mente de carácter socioconstructivista.

---

[64] Citado por Pérez A. y Gimeno J. (1988), "Pensamiento y acción del profesor: de los estudios de la planificación al pensamiento práctico", *Infancia y Aprendizaje*.
[65] Ibíd.

Nos preocupa dilucidar qué tipo de representación tiene el conocimiento de los docentes. Las teorías implícitas del docente son síntesis dinámicas de experiencias biográficas que se activan por demandas del sistema cognitivo. Estas experiencias pueden ser directas, vicarias o simbólicas. Pueden referirse a situaciones teóricas (conceptuales) o prácticas (metodológicas), afectivas (clima de colaboración) o morales (valor de ciertos aprendizajes), personales o sociales. Frente a la tesis de que el conocimiento del docente es de naturaleza exclusivamente técnica (docente eficaz, conocimiento técnico) o eminentemente práctico (conocimiento práctico-profesional), sostenemos que el conocimiento del profesor es experiencia (Hachón, 1983).

CAPÍTULO IV. DE LA CONSTRUCCIÓN SOCIAL DE LA ACTIVIDAD FÍSICA

En la búsqueda de causales del sedentarismo y en el afán de lograr una aproximación eficaz con relación a nuestras conjeturas, nos parece pertinente dar una visión sumaria de la actividad física, mostrar su evolución, su valor para la vida, su contribución al desarrollo del hombre, su potencial modificador de la realidad y del hombre mismo, así como también su concepción actual.

1. Actividad física

La actividad física obviamente se refiere al movimiento, pero también importa la interacción, el cuerpo y la práctica humana. Así como en otras tantas expresiones de la vida, la actividad física comporta todas las dimensiones substanciales del ser humano: involucra una dimensión biológica, una dimensión personal y una dimensión sociocultural. Por esto, cualquier intento por conceptuar la actividad física debe integrar las tres dimensiones, la concepción no debería ser atómica, sino antes bien molar.

La forma casi hegemónica, la más extendida de entender la actividad física, habla únicamente de la dimensión biológica y se conceptualiza como "cualquier movimiento corporal realizado con los músculos esqueléticos que lleva asociado un gasto de energía" (Howley Don Franks, 1995). Pero la actividad física también es una de las muchas vivencias que experimenta una persona merced a la potencia motriz que le brinda su naturaleza somática. Estas experiencias nos permiten aprender, ponderar pesos y medir distancias, también vivir y apreciar una gama muy amplia de sensaciones y conocer nuestro entorno y nuestro cuerpo.[66] Por lo demás, las actividades físicas forman parte del patrimonio cultural de la humanidad, desde las más cotidianas como andar, "constante antropológica fundamental" (Kisrsch, 1985),[67] a otras menos habituales como la práctica del fútbol o cualquier otro deporte. Además, tampoco podemos olvidar que las actividades físicas son prácticas sociales, puesto que la realizan las personas en interacción entre ellas, otros grupos sociales y el entorno.

Concluyendo podemos decir en armonía con Devís Devís (2000) que "actividad física es cualquier movimiento corporal intencional, realizado con los músculos esqueléticos, que resulta de un gasto de energía y en una experiencia personal, y nos permite interactuar con los seres y el ambiente que nos rodea".

2. Actividad física, su relación con la salud

Como la intención primera de este trabajo nace a partir de la relación entre actividad física y la salud, veremos ahora algunos fundamentos de esa vinculación. Nuestra condición de seres vivos con capacidad de movimiento e interacción con las cosas y otros seres del mundo que nos rodean permite que la actividad física se encuentre en cualquier ámbito de nuestra vida. Es una práctica humana que

---

[66] En la precaución de entender, más allá de lo que el aforismo dice ("todo hacer es conocer y todo conocer es hacer"), sería un error mirarlo como aquello que ocurre solo en relación con el mundo que nos rodea, en el plano puramente físico, según idea de Humberto Matturana (1996).

[67] Citado por Lagerstrom, D. (1992), "Gehen und Laufen in der kardiologischen Prävention und Rehabilitation"; "Stehen-Gehen-Laufen", en Binkowski, H. y Huber, G., *Kleine Schriftenrehie des deutschen Verbandes für Gesundheitssport und Sporttherapie*, Band 3, Speh-Druck, Öhringen.

está presente en el trabajo, la escuela, el tiempo libre o las tares cotidianas y familiares, y desde la infancia a la vejez. Las personas difícilmente podemos llevar una vida plena y sana sin posibilidad alguna de movimiento e interacción con el mundo. La actividad física permite la producción y reproducción de la vida social. De ahí que la actividad física sea un factor, entre otros muchos, a tener en cuenta cuando hablamos de la salud de las personas.

Las relaciones entre la actividad física y la salud no son nuevas, sino que llevan tras de sí una larga historia. Como los primeros escritos conocidos sobre el tema describen procedimientos relativamente detallados, debemos suponer que en los tiempos prehistóricos se empleaban ejercicios para prevenir, mantener y recuperar la salud. Tanto en las prácticas del kung fu de los sacerdotes taoístas en la antigua China como en el Ayur-Veda de los hindúes, se reconoce el uso de la actividad física con fines preventivos y terapéuticos. En la civilización occidental, encontramos los tratados de salud de la Grequitud, toda una tradición médica que establece vinculaciones entre la actividad física y la salud, aunque estas relaciones han evolucionado conforme cambiaba el contexto sociocultural y el tipo de vida que llevaban los pueblos.

Actualmente, podemos identificar tres grandes perspectivas de relación entre la actividad física y la salud: una perspectiva rehabilitadora, una perspectiva preventiva y una perspectiva orientada al bienestar.

La perspectiva rehabilitadora considera a la actividad física como si de un medicamento se tratara. Son paradigmáticas las palabras de Keul (1980): "El ejercicio en rehabilitación cardiovascular debe ser tan bien dosificado como un medicamento". Un instrumento mediante el cual puede recuperarse la función corporal enferma o lesionada y paliar sus efectos negativos sobre el organismo humano. Así, por ejemplo, los ejercicios físicos que nos prescribe el médico y que realizamos después de una intervención quirúrgica o una lesión, con la supervisión del kinesiólogo, son prácticas que corresponden a esta perspectiva de relación entre la actividad física y la salud.

La segunda perspectiva, la preventiva, sindica al cuerpo como susceptible de enfermar y sobre el que debe trabajarse su prevención, y por ende, el cuidado de la salud en la creencia común de *mens sana, corpore sano*. Se utiliza la actividad física para reducir el riesgo de que aparezcan determinadas enfermedades o se produzcan lesiones. Por lo tanto, esta perspectiva se ocupa del cuidado de la postura corporal y la seguridad en la realización de los ejercicios físicos, así como de la disminución de la susceptibilidad personal a enfermedades modernas, como las cardiovasculares, la hipertensión, la osteoporosis, la diabetes, las dislipemias o la depresión, a través de la actividad física.[68]

Como podemos observar, tanto la perspectiva rehabilitadora como la preventiva se encuentran estrechamente vinculadas a la enfermedad y la lesión, pero si queremos ver aumentadas las relaciones de la actividad física con la salud, como concepto amplio y multidimensional, o sea, más allá de la enfermedad, debemos incorporar la perspectiva orientada al bienestar. Esta tercera perspectiva considera que la actividad física contribuye al desarrollo personal y social, independientemente de su utilidad para la rehabilitación o prevención de las enfermedades o lesiones. Es decir, se trata de ver en la actividad física un elemento que puede contribuir a llevar una vida más armónica y plena. Nos referimos a la práctica de la actividad física porque sí, porque nos divierte y nos llena de satisfacción, porque nos sentimos bien, porque nos ayuda a conocernos mejor, porque hacemos algo por nosotros mismos, porque

---

[68] Mellerowicz, H. (1981), *Training asl Mittel der präventiven Medizin*, Perimed-Fachbuch-Verlagsgesellschaft mbH, Erlangen.

nos permite saborear una sensación especial o porque nos sentimos unidos a los demás y a la naturaleza. Esta perspectiva está más cerca de la idea de juego, como expresión del espíritu, de libertad.

Y en sintonía con nuestra concepción esférica, no está de más señalar que las tres perspectivas de relación entre la actividad física y la salud no son excluyentes, sino antes bien, complementarias. Pensemos que cuando una persona lesionada recupera la funcionalidad completa o parcial luego de realizar ejercicios de rehabilitación, gana en movilidad personal e interacción con el medio, es decir, aumenta su bienestar. En cambio, otra que realiza actividad física porque le gusta y le ayuda a sentirse bien y valorarse como persona no solo mejora su bienestar, sino que también puede estar previniendo algún tipo de enfermedad y compensando un desequilibrio muscular preexistente. Y aquella que participa en un programa de ejercicios físicos, con la intención de reducir el colesterol o el estrés, también puede ganar en capacidad funcional y bienestar general.

Durante los últimos años estamos asistiendo a un resurgir de las relaciones entre la actividad física y la salud, debido a la creciente preocupación que han despertado los temas relacionados con la salud en la sociedad argentina de nuestros días. El explosivo incremento de las *enfermedades de la civilización* (Rost, 1991), principalmente enfermedades cardiovasculares, el incipiente desarrollo de la medicina preventiva para reducir los costos de la medicina tradicional curativa, los avances en fisiología del ejercicio y la extensión de un concepto más amplio y dinámico de la salud que se ha orientado hacia la promoción de ambientes y estilos de vida saludables han sido los factores concomitantes a este fenómeno.

Las repercusiones de esta "conciencia social de salud" (Crawford, 1987; Tinning, 1990) se están empezando a sentir en la sociedad argentina con la aparición de los alimentos integrales, la bebida *light* y la popularización del *aerobic* y la gimnasia de mantenimiento. En este caso, la actividad física se presenta como producto a consumir y no como modo de andar la vida. En el ámbito de la Educación Física Escolar, la salud apareció como un tema de especial interés en las orientaciones que el Ministerio de Educación presentó para los programas de la asignatura en las enseñanzas media, y más recientemente, en las distintas currículas de la Enseñanza General Básica y del Polimodal a que ha dado lugar la actual reforma educativa.[69]

3. Actividad física, su génesis epistemológica

Las actividades corporales y motrices representan una constante en el 92% de la historia de la humanidad, sostiene el fisiólogo berlinés Kirsch.[70] Además, afirma que el andar y el correr son constantes antropológicas básicas, siempre vinculadas directamente al trabajo, pero también al juego, al ocio, a la preparación para la vida productiva y social, a la realización de hazañas ligadas a rituales diversos, a la concreción de ideales guerreros, a las necesidades de defensa y de dominación, a los valores admitidos en relación con el cuerpo y su puesta en acción.

Nos preguntamos en ese sentido: las prácticas motrices ¿son una constante antropológica? ¿Han cambiado? ¿Su esencia permanece constante? Esto es, tanto en sí mismas como en las representaciones sociales en torno a ellas que a su vez juegan un papel en la estabilidad y el cambio en los conocimientos, los discursos y las tradiciones de estas prácticas.

---

[69] Nos referimos a la Ley Federal de Educación n.º 24195/93.
[70] Citado por Mellerowicz, H. (1981), *Training asl Mittel der präventiven Medizin*, Perimed-Fachbuch-Verlagsgesellschaft mbH, Erlangen.

La cuestión es saber si en términos de cambios debemos prestar más atención en la historia humana a las cosas que a las ideas, a las condiciones materiales que a las condiciones espirituales, a los factores estructurales que a los factores culturales. Para esto, examinaremos a continuación algunos de los principales factores explicativos que más han llamado la atención a los sociólogos en el cambio[71] de las sociedades y sus derivaciones sobre las prácticas motrices. Entre ellos, mencionamos el proceso civilizatorio occidental, el urbanismo, la tecnología y la aceleración.

3.1. El proceso civilizatorio

¿Qué es la civilización? En algún momento, el término civilización llegó a designar a la humanidad entera, a todo el género humano. ¿Es la civilización "un corte de las realizaciones sociales" o "un producto histórico de algunas culturas, de aquellas que precisamente optaron por lo urbano", tal como dice Magrasi (1982)?

Apropiada para los fines de nuestro análisis nos parece la caracterización de civilización de Odum (1947), quien enlista los siguientes caracteres propios de la civilización:

- El urbanismo y la urbanización, y el conjunto de los fenómenos de especialización, de concentración y de realización concreta que los caracteriza.

---

[71] Definiremos el cambio social como "conjunto de alteraciones y transformaciones significativas que afectan de una manera no efímera a las estructuras básicas de una sociedad. Estas transformaciones son observables y verificables y afectan la vida de los individuos, de los grupos, de las instituciones y las creencias, costumbres, usos, reglas de comportamiento, valores y símbolos culturales. Esta sucesión de diferencias y variaciones que se dan en distintos ámbitos y niveles de la vida social, se producen sobre un trasfondo de identidad cultural persistente".

- La técnica que implica el industrialismo, en el cual la ciencia, el maquinismo, la organización social reglamentan el paso y la modalidad de la vida moderna.
- El intelectualismo, en el sentido de especialización cultural y de humanismo científico como supremas medidas de valor.
- La tendencia a la centralización y al poder.

Dos aspectos son centrales con relación a la civilización: el proceso de desarrollo urbano que condiciona el desenvolvimiento acelerado y valorado de la técnica y vinculado con ella vinculado, que pareciera ser concomitante a su proceso.

3.2. La revolución agraria o el comienzo de la urbanización

Durkheim es seguramente quien más lejos ha llevado el análisis del factor demográfico en el cambio social. Según el autor, el aumento de la densidad y del volumen de las sociedades *necesita* imperiosamente la división del trabajo, pero su alcance va mucho más lejos, provoca lo que el autor ha dado en llamar *densidad moral*. Al estar los hombres más próximos entre sí, sus relaciones se multiplican, se diversifican, se intensifican. En la ciudad, por ejemplo, se instaura un modo de existencia en que la constante es el contacto, "el número de contactos crece con el cuadrado de los habitantes" (Duqcroc, 1978), que ofrece el beneficio de la aportación intelectual (*Kremlin* en ruso significa 'lugar de encuentro para personas de elevado espíritu'). El resultado es una estimulación general, una mayor creatividad y, consiguientemente, una elevación del nivel de civilización de la sociedad. Recuérdese que el término *civilitas* alcanzó a hacer referencia a "la felicidad del hombre" (Adorno y Horkheimer), y según Karl Jasper (1953), la ciudad es el lugar adecuado que casi siempre, al menos a partir del período Axial (siglos VII y VI a. C.), ha servido para que se concretaran las figuras de la acción y la vida pública, que son inherentes a la condición humana.

El impulso primario fue la "primera ola" de Toffler (1995), y la primera aglomeración se llamó Katal Huyuk, pero "fue Babilonia la más paradigmática, la de las cien puertas [...], la de la torre de Babel, cuyo nombre perduró para designar un lugar donde el lucro ha corrompido a los hombres, cambiando las costumbres" (Ducqroc, 1978).

Jamás se insistirá bastante en el hecho de que la calidad de la vida, a causa de la irrenunciable constitución espacio-temporal del ser humano, depende en gran medida de la calidad del espacio y del tiempo públicos y privados en los cuales habita (Duch, 1997). A pesar de ello, actualmente el índice de ciudadanización sigue aumentando, la densidad de ocupación se cifra en millares de personas por kilómetro cuadrado y parecerá muy significativo que a pesar de todas las medidas de disuasión imaginadas, a pesar de las palabras que se dicen –aunque suele afirmarse que se prefiere vivir en el campo, a nadie se le ocurre residir permanentemente en él–, los hombres se unen y constituyen aglomeraciones cada vez más grandes. Megametrópolis donde las agresiones crecen proporcionalmente al número de habitantes y el espacio urbano se encuentra sometido al impacto del anonimato, la especulación, la impersonalización y la sedentarización.

3.3. La revolución científico-tecnológica

Hablar de tecnointelectualización demanda necesariamente referirse a la aceleración; al decir de Cagigal (1981), deben ser consideradas como sendas grandes fuerzas (o energías antroposociales o fatalismos históricos) que catalizan esta evolución.

3.3.1. La técnica

A la evolución de las técnicas se le atribuyen grandes cambios sociales, especialmente a la revolución tecnológica que ha inducido a las grandes transformaciones que la sociedad moderna ha conocido en los últimos doscientos años. La industrialización, la urbanización, la elevación de la productividad, la aceleración de los transportes y de las comunicaciones no pasan de ser las manifestaciones más aparentes. En realidad, la totalidad de la vida humana y social ha sufrido el impacto de la revolución tecnológica: vida familiar, vida religiosa, literatura, artes, actitudes políticas, etc., todo ha cambiado radical y profundamente, y en muy poco tiempo.

Aun hoy, la revolución tecnológica prosigue su camino: transforma el mundo rural, destruye viejas culturas tradicionales, abre a los países y a los continentes la vía de desarrollo económico, social y político. Los medios masivos han invadido nuestras vidas individuales y nuestros hogares, y las máquinas sobrellevan hasta el más mínimo esfuerzo de avanzar, etc. Y estas transformaciones han sido tan radicales, que puede afirmarse que estamos en un mundo nuevo donde el hombre mediante un nuevo esfuerzo mental y un menor esfuerzo físico multiplica día a día sus capacidades, proyectándose a dimensiones que solo eran patrimonio de la imaginación o ficción hace apenas unos años.

La revolución tecnológica está, pues, muy lejos de haber concluido, de hecho prosigue su marcha ascendente de una manera ineluctable. La verdad es que la revolución tecnológica ha provocado, según palabras de Georges Friedmann (1963), realmente el paso de un tipo de sociedad a otro tipo absolutamente diferente, al cual se denomina sociedad tecnológica. Esta sociedad muy tecnificada y automatizada es paradójicamente menos segura, ya que como dice Romano Guardini (1963):

Con la técnica la vida no gana, en absoluto, ni seguridad ni bienestar [...] El hombre no ha experimentado ayuda ninguna con el arma de fuego, más aún, ésta es más peligrosa para él que cualquier bestia feroz.[72] De lo que se trata en último término es de conjurar un nuevo mundo de fuerzas y normas, en el que la determinación del sentido de la lucha retorna en un nuevo plano. De un modo total y definitivamente, en la técnica no se trata de utilidad, sino de obra. Esta obra pone en peligro a la vida tanto como la beneficia. Si la técnica fuera solo la continuación de impulsos operativos naturales, nunca podrá el ser que la ha producido haberla puesto en una contradicción con el sentido de su propia existencia, que desafía toda lógica natural.

Y no se crea que es cuestión de poner la técnica o "la civilización bajo acusación", ya que como todo producido humano, depende del empleo que se le dé. Ponemos en entredicho la consuetudinaria adicción a la solución industrial de los problemas creados por la industria. No es intención discutir el valor del progreso tecnológico y llegar a la postura extrema de Illich (1985), cuando plantea que "la fe puesta en el poder de la técnica impide tomar conciencia de la potencia, superior en mucho, inherente a la renuncia". Pero sí pretendemos recordar que es legítimo y válido hacerlo desde otra ética y otra cosmovisión.

Quizá la tragedia de nuestro tiempo globalizado radique en lograr "la humanización concreta de la civilización tecnificada o perecer con ella", como dice George Friedman. O sea, ya que los procesos civilizatorios parecen irreversibles en su difusión terrenal, no solo tratar de que se conviertan en "civilización del amor", como pregona Juan Pablo II, sino también tratar de morigerar su poder inhibitorio de la actividad física espontánea.

---

[72] Confrontando con Guardini en el calificativo feroz, ya que categorizar el comportamiento animal con crueldad es una deformación cultural. Los animales solo tienen conductas devenidas del instinto de supervivencia.

3.4. La aceleración

El lento ritmo biológico fue roto por el progreso tecnológico a una velocidad en la que cada etapa resulta dos veces y media más corta que la precedente (Ducrocq 1978). La vida sobre la Tierra está sometida a un proceso de aceleración. La evolución biológica se produce cada vez más rápidamente. El hombre marcha empujado por una prisa cósmica. "Inicialmente la historia fue *andante*, después *allegro*, y últimamente *prestissimo*" (Landmann, 1971). Toffler (1995) describe claramente la dificultad del hombre para adaptarse a esos cambios que él denomina "shock del futuro". Aceleración que alcanza a los medios de transporte e intoxica al hombre –según idea de Illich– que es objeto de la distorsión industrial y pierde conciencia de los poderes físicos, sociales y psíquicos de que dispone, gracias a sus pies. "Olvida que el territorio lo crea el hombre con su cuerpo, y toma por territorio lo que no es más que el paisaje visto a través de una ventanilla". Elocuentes son las palabras de Kundera (1995) al respecto:

> La velocidad es la forma de éxtasis que la revolución técnica ha brindado al hombre. Contrariamente al que va en moto, el que corre a pie está siempre presente en su cuerpo (encarnado) permanentemente obligado a pensar en sus ampollas, en su jadeo; cuando corre siente su peso, su edad, consciente más que nunca de sí mismo y del tiempo de su vida. Todo cambia cuando el hombre delega la facultad de ser veloz a una máquina: a partir de entonces, su propio cuerpo queda fuera de juego y se entrega a la velocidad que es incorporal, inmaterial, pura velocidad en sí misma, velocidad éxtasis.

El hombre actual tiene que ser capaz de vivir en la dinámica de la provisoriedad, ser capaz de la insoslayable necesidad de vivir a escala planetaria una historia acelerada, ya que "una cosa sabemos –como decía Huizinga–, que el mundo no puede volverse atrás".

4. Efectos de la revolución industrial y de la revolución científico-técnica

La actividad artesanal fue complementada y progresivamente reemplazada por la producción industrial, que merced al desarrollo tecnológico había encontrado en la máquina de vapor una fuente de energía prácticamente inagotable. El comienzo de la era industrial no es marcado por la máquina de vapor, sino por las herramientas mecánicas, que eran manejadas e impulsadas por el hombre con su propia fuerza y sobre la base de sus capacidades motoras. Luego, con la discreción de la energía del vapor en los siglos XIX y XX se produjo un aumento violento de la producción de mercancías, y al mismo tiempo, también de todas las demás formas capitalistas de producción. De esta manera, el hombre, en un lapso relativamente corto, se ve obligado a abandonar instrumentos y habilidades motrices, apenas modificadas a lo largo de los siglos, y es sometido a exigencias esencialmente diferentes en comparación con la actividad artesanal.

El desarrollo técnico desde los comienzos de la revolución industrial hasta el presente está vinculado con una tendencia a la reducción del trabajo físico pesado (hasta fines del siglo XIX el hombre gastaba en trabajo muscular el 90% de la energía consumida; actualmente apenas si sobrepasa el ínfimo 1%[73]), aun cuando ello, bajo las injustas condiciones de producción, no fue ni es el verdadero objetivo de la mecanización. El acento de la actividad humana se desplaza más y más hacia el control y la conducción de las máquinas y a su cuidado y reparación. En consecuencia, se modifican las exigencias a las que estaban sometidas las capacidades motoras. Dice Marx (1975) al

---

[73] Alhaeim, K. (1980), *Wie funktioniert das? Schlank, fit, gesund*, Bibliographisches Institut Mannheim,, Meyers Lexikonverlag, Mannheim.

respecto: "El trabajo de la máquina ataca en forma extrema al sistema nervioso, reprime el juego multifacético de los músculos y confisca todo tipo de actividad física y mental". La actividad laboral del hombre se volvió cada vez más pobre y monótona. Sembrar, segar, cosechar, el manejo de la pala, la sierra y la gran variedad de movimientos de la construcción que se tenían que realizar a la intemperie, al aire libre y con todo tipo de clima; la preparación de los alimentos y la satisfacción de las demás necesidades vitales ya no implican esfuerzo físico. El mismo desplazamiento de un lugar a otro que no superó la velocidad de los 100 km por día, desde los días de Ciro el Grande hasta la época de Napoleón se realizaba a "velocidad metabólica".[74] Ahora, por el contrario, prevalece la forma de trabajo estático, parado o sentado. Esto impide el despliegue de un trabajo muscular dinámico en volumen e intensidad suficiente para provocar adaptaciones morfofuncionales compatibles con la vida sana.

Por supuesto que el proceso de mecanización, que se demostró y se demuestra como objetivamente necesario, no se llevó a cabo en todos los campos de la actividad humana al mismo tiempo, tampoco lo hizo de hoy para mañana, pero no parece detenerse. Hoy continúa con la revolución digital, que basada en la cibernética, permite la conducción de los procesos de producción completos. De ese modo se modifica sustancialmente el contenido laboral y se limita completamente la exigencia a las funciones motoras generales del hombre.

La mecanización y el progreso tecnológico-científico produjeron en un lapso corto de la historia humana un cambio esencial en el sistema hombre-naturaleza, que había funcionado durante tantos milenios. Con la mecanización, se interpusieron cada vez más máquinas entre el

---

[74] Illich, I (1985), *Energía y equidad*, México, Moritz-Planeta.

hombre y la naturaleza, a la que, según palabras de Engels, (1971), "pertenece con su misma carne y sangre". Así se perdió el efecto formativo del trabajo: la formación de las capacidades motoras y su perfeccionamiento permanente ya no irán unidos orgánicamente a la actividad laboral.

5. Raíces sociales de la motricidad humana

Todo movimiento voluntario, sea en el trabajo, en el deporte o la danza, es en su desenvolvimiento real una unidad orgánica de funciones psíquicas y físicas que surgieron en el proceso de lucha por la vida, en el paso progresivo de los movimientos salvajes a los movimientos específicamente humanos. Cuando el hombre adquirió la capacidad de proponerse sus objetivos con la ayuda del habla y del pensamiento en los primeros períodos de su desarrollo, o sea, cuando pudo comprender anticipadamente el motivo de su actividad, significó el comienzo de una intelectualización cada vez mayor de sus movimientos laborales y una humanización de toda su conducta motriz.

Entonces, la motricidad humana es, en sus características esenciales, un producto de la forma de vida humana, vale decir, del trabajo. El hombre creó todas las formas y ritmos de movimiento en el proceso laboral que aseguraba su existencia. Por ese motivo, la esencia y la importancia de la motricidad recién nos quedarán claras al estudiar e intentar comprender su emergencia y evolución en relación con el desarrollo de la producción humana.

A continuación, intentaremos mostrar las raíces sociales de la motricidad específicamente humana y de su evolución. Así profundizaremos en el área del contenido social y especialmente en las relaciones de las clases de actividad humana, solo hasta donde se pueden comprobar influencias capitales sobre el desarrollo de la motricidad.

El trabajo tiene una colocación central en el análisis histórico materialista del proceso de humanización, y también en el análisis de la actividad motora humana, como medio de confrontación del hombre con el medio ambiente. El trabajo es una actividad consciente y voluntaria del hombre, "un proceso entre el hombre y la naturaleza [...] donde el ser humano transmite, regula y controla sus propios actos" (Marx, 1975). "El trabajo es como productor de bienes de consumo, como actividad útil [...] una necesidad existencial del hombre, independiente de toda forma social, es una necesidad natural" (Marx, 1975), pero uno de sus rasgos esenciales es también el ser una actividad siempre social que existe y se desarrolla dentro de determinadas formas de la división del trabajo y la propiedad, condicionados históricamente.

De ello resulta que la motricidad del hombre ha surgido y se ha perfeccionado, a priori, dependiendo de las fuerzas de producción y de su desarrollo. Pero como el contenido del trabajo forma una unidad inseparable con su carácter, el cual es determinado por las fuerzas de producción, es necesario hacer una investigación de las relaciones entre el trabajo y el movimiento dentro de ese gran marco histórico social. Luego, al poner en relieve sobre todo el aspecto técnico-coordinativo y el aspecto tecnológico del trabajo, como puntos de vista deductivos con respecto a la teoría del movimiento, no menoscabaremos el carácter del trabajo como un "esfuerzo del hombre visto como fuerza natural adiestrada" (Marx, 1975).

El papel que desempeña la actividad laboral en el desenvolvimiento de la personalidad humana en el área motriz está determinado en principio por la tecnología respectiva. Sin embargo, el hombre ejecuta una alteración de su propia naturaleza en el proceso laboral, en dependencia con el carácter del trabajo, el cual está decisivamente influenciado por las condiciones de producción.

6. Actividad física, actividad humanizadora

El trabajo es la forma esencial y más importante de la actividad humana, en la que se lleva a cabo el metabolismo y el contacto activo con el medio ambiente. Si se piensa que durante un período que alcanza nueve décimas partes de la historia de la humanidad el trabajo tuvo que ser realizado preponderantemente por medio de la fuerza muscular del hombre y solo con herramientas relativamente primitivas, es posible imaginarse que la capacidad de rendimiento de los órganos motores humanos y la calidad de las funciones motrices estaban sometidas a exigencias muy altas. Engels (1971) expuso con relevancia el rol que jugó la actividad física en el proceso de humanización, al describir los comienzos de la vida del hombre. Las ideas de Engels (1971) con respecto a la importancia del trabajo, y de ese modo, de la motricidad, en el proceso de hominización son totalmente vigentes. Él resumió en pocas y concisas frases el grandioso proceso de evolución progresiva hasta llegar a la motricidad específicamente humana, tomando como ejemplo el órgano más importante para el trabajo: la mano.

La relación elemental entre actividad laboral como actividad motora y el desarrollo de las cualidades esenciales, y con ello, de toda la historia de la humanidad, queda fuera de duda.

La educación de la mano experimentó un avance notable, sobre todo, el proceso de fabricación y utilización de herramientas. Con el empleo de las primitivas y simples herramientas hechas de piedra comenzó la reeducación de los órganos motores naturales del hombre y su adaptación motriz al uso de las herramientas. El animal, en cambio, al no fabricar ni utilizar herramientas queda librado al empleo de sus órganos motores naturales. Así, a fuerza del limitado margen que le ofrecen aquellas pocas posibilidades indispensablemente necesarias para la vida en su ambiente específico, queda eternamente varado y la adquisición de motricidades nuevas, o sea, el desarrollo, tiene límites infranqueables.

El desarrollo de los primeros medios de producción tuvo consecuencias significativas desde varios puntos de vista; el efecto útil del trabajo aumentó permanentemente, y ese aumento no solo contribuyó a asegurar la subsistencia, sino que también tuvo que inducir a los hombres primitivos a seguir perfeccionando sus herramientas y sus movimientos. La utilidad y efectividad del trabajo con herramientas experimentó un aumento recién cuando al empleo de ellas se le asoció el mejoramiento y perfeccionamiento permanente de los movimientos de trabajo. Los muchos milenios de gran evolución demuestran evidentemente que en el proceso laboral también se llevó a cabo un perfeccionamiento permanente de las funciones motoras del hombre a través del uso de las herramientas, de las armas y de los demás instrumentos. En ese proceso, se desarrolló una diferenciación y un refinamiento de los movimientos, especialmente de la mano y de los dedos, hasta alcanzar un grado de coordinación y habilidad asombrosas.

Además de la mano, el pie también tuvo que aprender a sobrellevar tareas nuevas y difíciles en el proceso de evolución humana. Caminar, correr, trepar y saltar con el cuerpo erguido exige un rendimiento mucho mayor para mantener el equilibrio, y una gran elasticidad de las articulaciones del pie, la rodilla y la cadera. El hombre tuvo que aprender a adaptarse al terreno siempre cambiante y desparejo en forma elástica y motrizmente segura, mediante movimientos dirigidos anticipatorios, corriendo y saltando. Con ello estaba estrechamente asociada la educación de los sentidos, en especial la de los sentidos de la vista y del kinestésico, y el desarrollo de la coordinación oculomotora (coordinación de sensaciones ópticas y sensaciones kinestésicas). El éxito de cada salto, lanzamiento o golpe realizado durante la caza o en el combate era dependiente de una estimación óptica exacta de las distancias, lo cual requería a su vez un panorama visual desarrollado y una anticipación correcta del objetivo estático o dinámico.

En el proceso de confrontación multifacética activa con el medio ambiente también surgieron en su estructura espacial, temporal y dinámica las formas básicas de movimientos como caminar, correr, lanzar, saltar, trepar, revolear, pegar, balancear y balancearse, patinar y nadar, traccionar, empujar y otros, que eran combinados en diferentes modos según el objetivo de la acción motora.

Todas estas formas básicas de la motricidad se establecieron en la mayoría de los casos dentro del mismo proceso laboral, surgieron en la acción. Estas formas básicas motrices laborales surgieron como respuesta a cada una de las tareas concretas que el hombre primitivo tenía que solucionar en una situación determinada. Ellas fueron el resultado de una gran cantidad de intentos, y representaron la solución óptima que mejor correspondía a las expectativas previas. Al hacer mención del origen de esas conductas motoras también se debe decir que ellas no tienen que haber sido de ningún modo esquemas de movimiento fijos predeterminados, que se encontraban a disposición para actuar frente a un estímulo dado, sino que cada movimiento de trabajo tiene que haber sido aprendido seguramente a través de un proceso de prueba, difícil y fatigoso, donde tal como lo expresaba Marx, la cabeza aprendía permanentemente de la mano, y la mano, de la cabeza. El cerebro ejerció sobre la mano la misma influencia que esta sobre el cerebro, y así se estableció entre reflexión y acción una dialéctica que le permitió la comprensión del entorno (Ducrocq, 1978). Y aquí, de aceptar la función adaptativa de la mente como resultado evolutivo de la acción del ambiente sobre nuestro cuerpo, debemos hacer, como dice Steven Pinker (1997), ingeniería inversa, para descubrir para qué sirven esos dispositivos cognitivos, y para ello, como señala Bruner (1997), debemos deconstruir no solo ese sistema cognitivo, sino también su contexto de funcionamiento, debemos comprender el ambiente para el que ese sistema es funcional y por el cual fue seleccionado (Pozo, 2001).

Y esos movimientos tuvieron que ser aprendidos y elaborados una y otra vez, siempre de nuevo (hasta nuestros días), si bien con el correr del tiempo el período de aprendizaje se fue acortando considerablemente.

Con el desarrollo de la motricidad del trabajo y de las capacidades motoras, tuvo lugar simultáneamente la evolución del cerebro y de sus herramientas más próximas, los órganos sensitivos, tal como lo menciona Engels (1971). Se refiere especialmente al sentido del tacto, que junto al sentido de la vista, está muy relacionado con el analizador kinestésico. Los movimientos táctiles nos permiten experimentar en forma inmediata y evidente la realidad del medio ambiente y también la de nuestro propio cuerpo. Este hecho fue de fundamental importancia para "la conciencia que se iba aclarando más y más" (Engels). El hombre experimenta el entorno en su objetividad, transformándolo en objeto de su actividad. El hombre descubrió permanentemente cualidades nuevas aún no conocidas de los objetos naturales con la ayuda de la mano y el tacto, al igual que como hoy un niño descubre progresivamente su ambiente ya en los primeros años de vida, en contacto activo con las cosas, a través de la manipulación variada y de la comprensión de los objetos con múltiples cualidades palpables como dureza, peso, temperatura, etc.

La primera sensación de un objeto es la experimentación de una resistencia. Los objetos del medio ambiente ofrecen más una "resistencia" que una "utilidad" para nuestros deseos y ambiciones de realización de un objetivo, exigiendo frecuentemente la concurrencia de todas nuestras fuerzas. Ellos actúan como estímulos para llevar a cabo una actividad, una confrontación más intensa y prolongada. Con ello están dadas las mejores condiciones para el desarrollo y perfeccionamiento de los procesos volitivos, ya que la educación de la voluntad requiere la superación de obstáculos y resistencias. Por eso podemos suponer, dice Schnabel (1987), que en el proceso del trabajo, de la utilización de herramientas, el hombre primitivo no solo desarrolló sus funciones y cualidades motoras hasta un nivel mucho más alto que el del estadio animal, sino que en el transcurso de largos períodos de tiempo, también adquirió cualidades conductivas y de rendimiento específicamente humanas, y conocimientos sobre el estado y cualidades de las cosas. Goethe (1978), en su última carta, le decía al respecto a W. von Humbolt: "Los ancianos decían que los animales eran instruidos por sus órganos; yo agregaré: los hombres también, pero ellos tienen la ventaja de poder educar también a sus órganos". "Educar" los órganos significa guiarlos conscientemente de acuerdo a las informaciones contenidas. Con este desarrollo de los órganos "a través de la ejercitación, la enseñanza, la reflexión, el éxito, el fracaso, la estimulación y la resistencia y siempre otra vez la reflexión", está caracterizada a la perfección la dialéctica del desarrollo del movimiento específicamente humano en la actividad física.

7. La actividad física y el habla

La construcción, el perfeccionamiento y el uso de las herramientas pudieron llevarse a cabo desde un principio solo mediante el trabajo conjunto de muchos individuos. La cooperación y el empleo de las herramientas tuvieron que conducir a la necesidad imperiosa de entenderse e intercambiar experiencias entre sí. Esa necesidad se apropió de su órgano y condujo a una forma de entendimiento completamente nueva, propiamente humana, con ayuda del habla articulado, lo que representa en simultáneo el fundamento material del pensamiento.

Pero antes de que se formara el lenguaje articulado en el sentido actual, tiene que haber pasado un período de tiempo enorme. Podemos suponer que al comienzo, el entendimiento solo consistió en una regulación de las actividades durante la caza, y más tarde también en el trabajo dentro de una colectividad laboral, aumentando así la coordinación y el ritmo de las actividades mediante voces y gritos toscamente articulados. La evolución posterior del lenguaje se produjo en relación estrecha con el desarrollo de los movimientos humanos. Ello se encuentra expresado sin ir más lejos en el ilustrativo "contenido motor de nuestro idioma". El componente motor de muchas palabras "de actividad" se vuelve especialmente claro cuando se traen a la mente verbos como saltar, salpicar, arrastrar, galopar, trotar, etc. pronunciados correctamente. Así, muchas características rítmico-acústicas de la motricidad están almacenadas en nuestro idioma. El desarrollo del lenguaje infantil, la formación progresiva del mundo sensitivo, imaginativo y comprensivo serían casi imposibles sin la gran variedad de movimientos manuales perceptivos. Cuanto más rico y variado sea el contacto sensomotor del niño con los objetos del medio ambiente, más ricas serán también sus figuraciones y conceptos donde se refleja el ambiente.

Meinel (1987), apoyado por las ideas de Setschenow, opina que el lenguaje humano puede ser visto como un sistema de señales con palabras, que está acoplado al sistema motor, posibilitando y efectuando la programación y conducción de los movimientos. Por ello es imposible explicar el transcurso de los movimientos humanos conscientes sin tener en cuenta el papel del sistema del habla. El animal, incapaz de hablar, logra el resultado de su actividad motora fundamentalmente por medio de estereotipos de conducta heredados o por método de ensayo y error. Con la adquisición del habla y el pensamiento, el hombre aprende a actuar en forma más planificada, consciente y efectiva. La conducción de los movimientos sobre la base de modelos internos codificados verbalmente, la anticipación del objetivo motor y del movimiento, la conciencia y el conocimiento del resultado y la organización correspondiente de los movimientos voluntarios, en una totalidad única, son procesos específicamente humanos.

El idioma conecta al hombre tanto con su pasado como con su presente, mientras que el animal queda anclado a los estímulos sensoriales del presente inmediato. El habla nos conecta con el pasado por el hecho de que con su ayuda se almacenan todas las riquezas de sus experiencias motoras anteriores para disponer de ellas más tarde. La conexión con el futuro se da porque el hombre está capacitado, con ayuda del habla, para pensar anticipadamente y preestablecer de un modo consciente en forma verbal el objetivo de la conducta. Con ello adquiere la capacidad de instaurar sus propios objetivos, los cuales determinan regularmente las características de su comportamiento motor. Solo el hombre es capaz de esta anticipación en el futuro, porque conoce de antemano el motivo de su acción con la ayuda del habla. La anticipación del objetivo es el fundamento y *condtio sine qua non* para una conducta motora planeada y dirigida.

Con la adquisición del habla, se sentaron las bases de la organización, planificación y regulación consciente de las actividades laborales, y también, de un aprendizaje motor consciente. No nos podemos imaginar el proceso de invención, construcción y perfeccionamiento de las herramientas sin un empleo y evaluación constante de experiencias motoras nuevas, intercambiadas y discutidas con la ayuda del lenguaje. Sin embargo, la adquisición del lenguaje posibilitó no solo el intercambio de experiencias en el trabajo mismo, sino también en la conservación y transmisión de experiencias motoras nuevas de generación en generación. De ese modo, las generaciones posteriores pudieron progresar sobre la base de los inventos y las prácticas motrices de sus antecesores, ya que con el enriquecimiento del lenguaje por medio de las experiencias motoras se acortó y simplificó el proceso de aprendizaje motor. Sin embargo, la condición necesaria para una corrección y realización más consciente de los movimientos propios fue que ellos se volvieron poco a poco conscientes para el hombre. Y eso es necesario para modificar y corregir voluntariamente los movimientos, constituyendo lo que se denomina información reaferente permanente. Con la adquisición del lenguaje y el paralelo desarrollo del pensamiento, también se produjo un exitoso desenvolvimiento de la motricidad humana. Engels afirma que el trabajo y el habla fueron dos estímulos cruciales, bajo cuyo influjo se materializó el proceso de la evolución humana. Con su influencia, se desarrolló la motricidad humana, y con esta, el perfeccionamiento de todos los órganos sensitivos y la capacidad para conocer el mundo y transformarlo acorde a las necesidades crecientes de la sociedad humana. Se generaron movimientos en ilimitada cantidad y calidad, una gran capacidad de movimientos siempre crecientes y, en general, un sistema motor dinámico de gran plasticidad que le permitió adaptarse a las exigencias y condiciones siempre cambiantes. Este complicado sistema orientado objetivamente podía tener éxito gracias a la información reaferente permanente.

8. El ejercicio, ajuste de la motricidad

En los estadios iniciales del desarrollo social, la educación de las funciones motoras podía producirse solo en forma inmediata, durante el trabajo mismo, a través de la actividad motriz variada. Por ejemplo, la acción de lanzar, que debía ser ejecutada frecuentemente, hizo consciente en el hombre primitivo el efecto de los intentos repetidos varias veces, y ello condujo por fin a la ejercitación y optimización de la destreza del lanzamiento. La utilización pensada de ejercicios físicos que no servían de inmediato para la supervivencia y para la producción se pudo desarrollar recién más tarde, pero esos ejercicios pudieron construirse sobre el cúmulo de praxis motoras y formas de movimiento adquiridas en el trabajo, puesto que el trabajo físico y los ejercicios físicos se basaron primigeniamente en idénticas formas básicas del movimiento humano.

Los ejercicios físicos servían sobre todo como preparación para las actividades laborales, para su perfeccionamiento posterior y para el entrenamiento de la guerra. Más tarde, libre el hombre de pretensiones utilitarias inmediatas, creó muchas otras posibilidades de movimiento, formas motoras y combinaciones motrices que fueron más allá de los movimientos productivos ya existentes.

9. El carácter expresivo de la actividad física

El carácter expresivo de la actividad física nos remite a la persona y no a un objetivo exterior a alcanzar. Desde esta perspectiva, no se lo encara bajo su aspecto transitivo, sino como signo a través del cual se transparenta su subjetividad. El primer modo de expresión es de naturaleza espontánea y traduce el dinamismo del organismo que vive su presencia en el mundo.

La necesidad de expresarse, "de contarse a los demás", es una de las más importantes para el ser humano. Le permite a la persona "vivir su cuerpo", usarlo para comunicarse. La soltura, la naturalidad y la espontaneidad en la expresión gestual y mímica suponen una reconciliación del ser con el cuerpo, bastante a menudo, dejado de lado sin cultivar en nuestro sistema de formación demasiado intelectual y verbal. Su frustración es fuente de malestar, de angustia, de neurosis, etc. Dice Klein (1968): "El anatema que desvaloriza y pesa sobre el cuerpo en nuestra sociedad, y las abusivas barreras a la expresión, reclama del yo mecanismos de defensa (compensación), que se realizan en actividades de compensación, previstas institucionalmente, como la danza y el deporte".

9.1. La danza

El hombre se ha expresado con el cuerpo desde sus orígenes. Es verosímil creer que el hombre danzó antes de haber hablado. La danza, primitivamente, fue una forma espontánea de la vida colectiva, con carácter utilitario y de efecto socializante y aglutinante. En un principio, la danza, lejos de ser una forma de arte, revestía un carácter imitativo, estrechamente vinculado con los movimientos laborales. Berdnarzowa (citado por Meinel y Schnabel, 1987) demuestra de forma convincente que los movimientos de trabajo ejecutados rítmicamente sirvieron como ejemplo y muestra para los movimientos de baile. Allí jugaron un papel importante los ritmos acentuados de trabajo que coordinaban y aliviaban el trabajo cooperativo; de idéntica manera, los muchos gestos y ademanes del trabajo grupal que servían como forma de expresión de sensaciones y sentimientos, y como forma de comprensión, condujeron inmediatamente a los movimientos de baile y las danzas. Más acá en la historia, tanto en Oriente como en Occidente, la danza imitativa dejó lugar, de una manera insensible, a un simbolismo convencional. Así, se reemplazó una danza con carácter de expresión espontánea por una danza representativa codificada y técnica, vaciada casi por completo de su aspecto expresivo. La danza era dominio de la técnica.

La danza, como todo arte, debe encontrar sus fundamentos en la propia vida, con sus pulsiones y dinamismo, y entendemos también que debe ser expresión formalizada. No hay arte sin técnica, pero cuidando que su abuso no la aleje de la expresión humana viva. Francoise Delsarte, Jacques Dalcroze y Rudolf von Laban fueron los precursores de la "danza libre", pero fue la genial Isadora Duncan, basada en su intuición y talento, quien hizo renacer en la danza la espontaneidad y la pasión. El conflicto entre "técnicos" y "artistas" es ineficaz y huero, porque en la danza y la expresión corporal, las posibilidades de expresión y de control aumentan con una formación tenaz.

9.2. El deporte

Hay constatación suficiente de que en prácticamente todas las civilizaciones ha existido alguna muestra de deporte. Desde el juego de pelota con el pie de los *inuits* en el Ártico o la disputa de la pelota desde el caballo de los persas (una suerte de pato primitivo), el riesgo de las acrobacias ante el toro de los cretenses, la tauromaquia de los ibéricos, las competencias de fuerzas de chinos y japoneses, hasta los juegos de pelota de los mayas, las destrezas subacuáticas de los incas, las gestas y torneos de la Europa medieval, etc., hay atisbos de deporte. Empero, no se ha podido desentrañar cómo se produce en el hombre la actitud y la conducta deportiva.

Al parecer, al principio todo era lucha por la subsistencia; luego, con el correr del tiempo surge la técnica consecuencia del espíritu creador, de sus tensiones, de su audacia. Así, el hombre se va independizando de la naturaleza y aparece un modo sustancial de situarse ante los animales y ante el hombre mismo. Ya en el paleolítico, las pinturas rupestres nos hablan de una neta superioridad de reflexión que el hombre hace de sus acciones vitales; cuando el hombre ya no huye de las bestias, sino que las persigue, cuando ya no es menester luchar contra las bestias para sobrevivir, el hombre convierte a esas acciones en objeto de juego, en ceremonia ancestral, en puro rito.

En esta antiquísima necesidad de desafío, de confrontación, de júbilo por la victoria, se enraíza el deporte, el cual en las distintas culturas ha conocido diversas formas y desigual significación. Cuando el hombre ha conseguido ritualizar el juego competitivo y enmarcarlo dentro de reglas y de ceremonias, ha canalizado un poderoso impulso de vida, haciéndolo de alguna manera positivo, creador, siempre en la tendencia de la afirmación de sí mismo, pero en la línea que diverge de la agresión total Johann Huizinga (1951) llega a defender el origen lúdico de la guerra. Afirma Melanie Klein:

> Hay un medio que permite eliminar grandes cantidades de agresividad y de sadismo y aun de eliminarlas por vías físicas: me refiero al deporte. De ese modo, ataques contra el objeto odiado se pueden efectuar de una manera socialmente autorizada; al mismo tiempo, el deporte sirve de compensación a la angustia, ya que prueba al que lo practica que no sucumbirá ante el agresor.

José María Cagigal (1981) dice que el deporte es una de los grandes logros etológicos –mitad cultura, mitad naturaleza– del hombre en su proceso civilizante.

10. Actividad física y cultura

El crecimiento considerable de las áreas de asociación del cerebro humano y la lentitud relativa de su maduración provocan cierta indeterminación en la forma que adquiere la adaptación motriz. Durante este período sensible del desarrollo, no es preciso decir que la influencia del medio social es determinante. Planteando el problema de las relaciones entre índole y cultura, Marcel Mauss,[75] en su célebre artículo de las "técnicas del cuerpo", ha puesto de relieve, precisamente, "las maneras en que los hombres, en cada sociedad, de un modo tradicional, saben servirse de su cuerpo". Toda una serie de actos incorporados al individuo durante la educación con miras a permitirle un mejor ajuste al medio se efectúan por simple mimetismo: por ende, son inconscientes y representan un verdadero condicionamiento. Por otra parte, adquieren a menudo un valor simbólico que les confiere una significación colectiva. Estas formas de ajuste corresponderían a determinados aspectos motores y corporales de la "personalidad de base".

En las diferentes culturas, no se descansa, no se trabaja, no se está de pie y no se camina de la misma manera. Se trata de manifestaciones culturales inherentes a tal o cual tipo de sociedad.[76] Incluso el carácter expresivo del movi-

---

[75] Mauss, M. (1971), *Técnicas y movimientos corporales en sociología y antropología*, Madrid, Tecnos.
[76] Cf. Turner, Ralph (1941), *The Great Cultural Traditions*, Nueva York. "Los hombres hacen relativamente pocas cosas: se ganan la vida, se casan, cuidan sus hijos, entierran sus muertos, premian el buen comportamiento, castigan a los malhechores, adoran a Dios y manipulan la naturaleza. Pero hacen estas cosas de muchos modos diferentes". Y Cf. Malraux, André: "Todos los hombres comen, beben, duermen, fornican seguramente pero no comen, ni beben, ni sueñan las mismas cosas. Apenas si tienen de común otra cosa que el dormir, cuando duermen, sin sueños, y el morir [...] El hombre no es interesante en sí lo es por lo que le hace realmente hombre".

miento que remite a la persona, ya que traduce la emoción y la afectividad, no es nunca una expresión pura, sino expresión en presencia de los demás, por ende, expresión para los demás. Los movimientos expresivos del cuerpo, sus reacciones tónicas, adquieren una dimensión social en la medida en que se revisten de un sentido pragmático o simbólico para los demás.

Así pues, el ejercicio de la motricidad proviene de la concienciación de las normas culturales, sea que se las adopte, sea que se las rechace. Ahí reside sin duda la libertad relativa de la elección. Pero la influencia del medio social puede ser más apremiante, en relación con el cuerpo humano, en la medida en que racionalizando el movimiento, con el fin de obtener un mejor rendimiento, los especialistas de las "técnicas del cuerpo", apoyándose en la biomecánica, la cine-antropometría o la ergonomía, han codificado un determinado número de prácticas motrices que se enseñan masivamente. Las prácticas así formalizadas y presentadas como modelos constituyen verdaderas destrezas motrices que "es preciso adquirir", tanto por su interés práctico como por lo que se ha convenido en llamar su valor cultural y aun estético. Esa transmisión de los "gestos socializados", verdaderos modelos de gesto eficaz, representa desde hace mucho tiempo lo esencial en la formación profesional. Más recientemente, tiende a extenderse y a desarrollarse en el campo de las praxis unidas a las actividades recreativas: iniciación a las técnicas deportivas y a las técnicas llamadas de aire libre.

Con respecto a cómo la sociedad toma a cargo la conducta del hombre, se manifiesta hasta en sus expresiones más corporales. Dijo Lewin en 1942 "que toda constancia cultural se basa en que los niños, para un desarrollo que los integre a esa cultura, son adoctrinados y formados en la edad temprana de manera tal que sus hábitos permanecen fijados para el resto de sus vidas".

Este esquema no remite solo a una referencia sobre la génesis del cuerpo y del movimiento, sino que parte de una concepción del hombre como emergente de sus circunstancias histórico-sociales y en transformación. Hombre cuya ideología, su lenguaje tanto como su cuerpo, el uso de su cuerpo, la interacción, la práctica humana, la actividad física, tal como lo afirma Henry Wallon (1942) son la resultante de las condiciones de vida, de las relaciones económicas, de los valores y creencias religiosas, del desarrollo tecnológico y científico y del poder de la clase social y del grupo en el cual se desarrolla. Pero el hombre no es un producto pasivo, no es una *tabula rasa* sobre la que se inscriben los mandatos sociales. Es un ser que siente, dice, piensa; es un productor activo de cambios sociales, culturales, biológicos, ecológicos y lingüísticos. Es un constructor activo de sus ideas, de sus formas de comunicación, de su gestualidad, de su movimiento, de su relación con el mundo. Por lo tanto, al hablar de la actividad física, es necesario sustentar una teoría neurofisiológica y también una teoría psicosocial, porque el cuerpo, el movimiento, la interacción, la práctica humana, los gestos, unidades significativas de un código más o menos universal, son productos vivos de la relación biológica, afectivo-cognitiva y social, con pautas de funcionamiento ciertamente generales a la especie humana, y particulares en cada región geográfica, en cada época, en cada clase social, grupo y familia.

Dice Ajuriaguerra (1973):[77] "Para algunos, la construcción del acto motor, arquitectura en movimiento, no es más que la suma de contracciones musculares, pero en realidad, es también un querer, una toma de contacto, un dominio y una destrucción". El desarrollo del acto motor implica un funcionamiento fisiológico, pero también la

---

[77] Ajuriaguerra, J. (1973), *Manual de psiquiatría infantil*, Barcelona, Toray Mason.

expresión de fenómenos más elevados, donde el deseo y el querer están comprometidos. En realidad, en la génesis de toda actividad humana se articulan diferentes sistemas anátomo-fisiológicos, psicológicos y sociales de gran complejidad que interactúan determinando una particular manera de ser y estar en el mundo, de relacionarse con la realidad, con las personas, con el espacio, con los objetos, para satisfacer las necesidades biológicas, afectivas, culturales y sociales del hombre. La actividad humana es un cúmulo de codificaciones en las que se significan el cuerpo y el movimiento, y muestran las señales de salud, de desarrollo, de posibilidades de aprendizaje e inserción social, y también de la enfermedad, la discapacidad y la marginación.

11. Institucionalización de la actividad física como trabajo

La significación que adquiere el movimiento humano depende ampliamente del medio sociocultural, y de un modo más particular, de las estructuras sociales en las cuales se ejerce. Las conductas humanas y sus expresiones motrices están institucionalizadas, y para realizar una taxonomía, se debe tener muy en cuenta este dato.

El estudio objetivo del movimiento humano como expresión de la conducta de un hombre total nos ha permitido poner de relieve un aspecto pragmático o utilitario de la actividad física y un aspecto lúdico.

En el seno de las sociedades primitivas, el esfuerzo común de todos los miembros del clan estaba casi enteramente consagrado a arrancarle a la naturaleza lo necesario para la vida y para defenderse de los cataclismos naturales. Lo esencial de la actividad humana permitía apenas conservar la vida.

Bajo la influencia de la cultura grecolatina, la actividad física pragmática o utilitaria se ha considerado indigna del ciudadano libre y de las clases dominantes (*ars mechanical, ars inferior*); el trabajo de la tierra se aseguraba por medio de la esclavitud. Esta situación se perpetuará en Europa occidental a lo largo del Medioevo en la sociedad feudal. La Revolución francesa de 1789 marcó una transformación y consagró el advenimiento de una ética que erigió en virtud a la actividad física de carácter utilitario, institucionalizada con el nombre de trabajo. Esta concepción del trabajo alcanzará su apogeo a comienzos del siglo XX, cuyo emblema es la industrialización y la transformación activa de la naturaleza en vasta escala por medio de la técnica. La aparición de la máquina otorga un poder nuevo al hombre y reduce el esfuerzo humano, en duración e intensidad, lo que colabora a valorizar el trabajo. Marx (1971) no contribuye poco a reforzar esta moral del trabajo afirmando que el hombre y la sociedad humana deben su origen al proceso del trabajo, y que la conciencia misma ha surgido de la actividad productiva de la sociedad. De ahí solo faltaba un paso para admitir que el fundamento de la evolución social es la producción de los bienes materiales. El terreno estaba listo para que el estudio del trabajo industrial dependiera de una ciencia y que la actividad física del hombre en el trabajo fuera homologada con una máquina y sometida a los imperativos del rendimiento. Según el *taylorismo,* ese rendimiento óptimo del cuerpo humano lo aprovecharán, por cierto, tanto el hombre como la empresa; el mayor rendimiento dará origen a mejores salarios, y estos recompensarán el esfuerzo de los mejores obreros. El concepto de "obrero emérito" en el sistema soviético corresponde a motivaciones del mismo tipo. Pero la consideración social que se concede al trabajo exige una compensación, en esta época, una obediencia rigurosa; la misión del obrero no es reflexionar, sino hacer trabajo físico acorde a las consignas.

El desarrollo del maquinismo, con su corolario la especialización, condujo muy pronto hacia una diferenciación entre profesiones nobles y profesiones manuales, consagrando a sus practicantes a un simple automatismo gestual. El hombre máquina, el obrero robot, había nacido con ayuda de la ciencia, y con un costo mínimo resultaba fácil condicionarlo a su trabajo. El advenimiento del maquinismo había permitido, de ese modo, la objetivación del dualismo cartesiano: la despersonalización de la tarea del obrero separaba, cada vez con mayor claridad, los aspectos intelectuales de los aspectos manuales del trabajo inculcados, muy a menudo, en forma de *drill*. El concepto de trabajo representa de ese modo el aspecto socializado de la actividad utilitaria, prototipo de la actividad productiva origen de su valor.

Las diferentes praxis relacionadas con los diversos oficios están cuidadosamente analizadas y codificadas (método TWI, método Carrard). Su enseñanza basada en el *drill* permite la adquisición de estereotipias gestuales cada vez más mecanizadas, centradas en el efecto a obtener lo inmediatamente útil.

12. La institucionalización de la actividad física como juego

En los comienzos de la era industrial, casi la totalidad de la actividad del hombre estaba consagrada al trabajo del cual dependía su subsistencia. Los momentos de no trabajo se reservaban, casi con exclusividad, para el reposo que reclamaban las pesadas tareas materiales; la actividad lúdica era solo episódica. Por otra parte, si el valor esencial se le adjudicaba al trabajo, la actividad lúdica, por oposición, se convertía en una actividad poco seria. De hecho, la fracción de tiempo humano consagrada al trabajo no ha cesado de disminuir desde la Revolución industrial. En los Estados Unidos, el término medio semanal del trabajo era, en 1850, del orden de las 70 horas; en 1950 era de 40 horas; en nuestros días se acerca a las 35 horas. En Europa, según los sectores de trabajo, se generaliza la tendencia entre las 45 y 40 horas. Mientras que el tiempo de trabajo disminuye notablemente en virtud de la mecanización, se manifiesta una consecuencia paralela a este aspecto positivo de la industrialización. Es ilustrativa al respecto la advertencia de Engels (1971) cuando dice que cada uno de los triunfos del hombre sobre la naturaleza tiene, primariamente, las consecuencias que se habían calculado, pero que en segundo y tercer término también aparecían otras consecuencias que, muy a menudo, pueden llegar a neutralizar aquellos primeros efectos de la intervención humana en la naturaleza. Esta consecuencia es el carácter cada vez más inhumano de las condiciones de trabajo impuestas por la sociedad técnica en la que vivimos. Georges Friedman (1963) ha puesto de relieve los efectos desastrosos que tienen sobre la personalidad los trabajos parcelarios que no exigen ni iniciativa ni responsabilidad alguna.

El aumento del tiempo de no trabajo, en paralelo con el carácter más alienante del trabajo, trae aparejado un desplazamiento del valor del trabajo hacia el ocio, y la definición de este último por oposición al trabajo. Al mismo tiempo, la vida del hombre civilizado sigue el ritmo trabajo-ocio en forma alternada; el ocio cumple fundamentalmente una función compensatoria de la actividad alienada que representa el trabajo.

Al término de la guerra de 1939-1945, la Declaración Universal de los Derechos del Hombre, proclamada por las Naciones Unidas, institucionaliza el derecho al ocio. El Artículo n.º 24 prevé que "toda persona tiene derecho al descanso y al tiempo libre, especialmente a una limitación razonable de la duración del trabajo y a vacaciones pagas".

Fuera de la actividad pragmática cuya manifestación es la adaptación al medio cotidiano o la adaptación al trabajo, el tiempo libre o de no trabajo, según análisis de Dumazedier (1981), cubre los siguientes objetivos:
- compensación de la fatiga laboral;
- compensación de la monotonía y el tedio;
- compensación de la alienación.

Esta evolución caracterizada por el crecimiento del tiempo libre que, por lo demás, se observa solo en las naciones industrializadas, tiene como consecuencia despojar a la actividad lúdica de su carácter ocasional y transformarla en actividad sociocultural permanente, por ende, institucionalizarla.

Ese desplazamiento del "valor" del trabajo hacia el tiempo libre va unido, en el plano de una filosofía implícita, a una revalorización del cuerpo en relación con la prioridad acordada al espíritu por el enfoque dualista. El aumento del tiempo libre y de las distracciones parece, de este modo, haberle concedido al cuerpo un lugar que hasta ese momento se le había negado en nuestra cultura. De hecho las distracciones masivas se han convertido para la mayoría de los individuos en distracciones físicas que adquieren, en las actividades al aire libre, la apariencia de un retorno a la naturaleza y a la vida primitiva o, en la actividad deportiva, la de una cultura de masas.

El acceso de la mayoría a las distracciones tiene como consecuencia su organización y su planificación. La organización de la actividad al aire libre es muy significativa al respecto. Con el correr del tiempo, se ha instalado toda una red administrativa a partir de la célula de base que es el club afiliado a una federación. Toda esta organización administrativa tiene por objeto racionalizar la actividad lúdica, y de esa manera, introducir disciplina y obligación.

Más paradójico aun es que el funcionamiento de esas estructuras, en estos últimos años, es una copia del funcionamiento de las empresas. Gradualmente, de hecho, se ha desplazado la motivación; mientras que en el juego la actividad es gratuita y de ninguna manera va dirigida al resultado, incluso en los juegos de tipo competitivo, la institucionalización del juego y su transformación en deporte ha puesto énfasis en la competencia y el rendimiento. El producto cuantificado de esa actividad, fácil de ponderar con el metro, el cronómetro y los baremos, se ha transformado en una cosa: el récord, verdadera medida del valor corporal para unos, verdadera mercancía para otros. El deporte y su producto normal, el récord, tienden a comercializarse. Lo que era un juego al comienzo se ha convertido progresivamente en trabajo para los productores de *marcas*; de ahí el desarrollo progresivo del profesionalismo, liberal o estatal, según el sistema social en que se desenvuelve. En el límite, para muchos deportistas el cuerpo se ha transformado en una máquina de producir mayores rendimientos, lo cual demanda un trabajo considerable llamado entrenamiento.

Por lo demás, esta persecución casi obsesiva de la marca y del rendimiento no es una realidad solo para plusmarquistas, es decir, profesionales, sino que se manifiesta también en los practicantes más modestos para quienes el campeón significa un verdadero "modelo". Pero ese modelo que representa el campeón es inaccesible para la gran mayoría de la población. No se puede convertir en un estimulante para la práctica del deporte; por esta razón, para muchos es solo un espectáculo y el juego es, en tal caso, pasivo para la mayoría de los partidarios (*fans, torcida, tifosos, hinchada, forofos, supporter*) de los campeones identificados con las *vedettes*. En este sentido, las manifestaciones deportivas son las ceremonias colectivas más importantes y características de nuestro tiempo. Son una mezcla de "acontecimiento-espectáculo", solo unos pocos practicando un deporte y millones "actuando" (quietos) como espectadores, ya en la tribuna, ya frente al televisor, ya a través de un locutor de radio o simplemente mediante la lectura de las revistas deportivas. Irónicamente, millones de personas manifiestan su ficción deportiva –el deporte es esencialmente actividad física– en la casi total pasividad.

Cuando las características actuales de la evolución del deporte no se habían delineado claramente, ya Huizinga (1951) lo definía como "una expresión autónoma del instinto agonal", a título de lo cual lo veía evolucionar hacia una "función estéril donde el antiguo factor lúdico estaba casi enteramente extinguido".

El hombre, por el hecho de vivir en un mundo que cada vez más se realiza de un modo colectivo, donde las producciones singulares solo valen en la medida que se inscriben en un conjunto, no escapa en sus distracciones a la masificación y la planificación, tal como define George Friedmann (1963): "Tiempo fuera de las tareas impuestas, utilizado con toda libertad, donde la personalidad, al ejercer la elección, intenta expresarse esperando satisfacción o placer". Esto es lo que intentamos poner de relieve cuando analizamos la evolución del deporte competitivo que corre el riesgo de convertir el cuerpo del hombre en distracción en una máquina de rendimiento. Esta forma de alienación, particularmente grave, no es siempre consciente, ya que el triunfo deportivo, consecuencia de un entrenamiento intensivo, puede ser un medio de valorización, por ende, de autoafirmación. Según palabras de Bouet (1969):

> Esa lucha contra sí mismo, esa lucha contra los otros, adquiere para el campeón la forma de una tensión de todo su ser, de toda su voluntad, de todas sus cualidades, hacia una victoria que le permitirá autoafirmarse, realizarse, [nada más que alienarse]. Una tal promoción humana irá acompañada de una promoción social, ya que los triunfos del campeón le

otorgarán, por la resonancia que encontrarán en las masas, un lugar visible en la sociedad al cual no podría aspirar, la mayoría de las veces, fuera del deporte.

13. Actividad física y educación

Las ciencias humanas, en su realidad experimental, no discurren acerca de los objetos ni tampoco de la materia, sino que implican una intervención en el ser humano. Su prolongación, necesaria y legítima, en el estudio de la actividad física apunta, a través de este aspecto de la conducta, a una modificación de la persona. Pero la naturaleza del hombre no es un dato biológico o antropológico, sino que evoluciona, es decir, tiene una historia y una perspectiva. Esa evolución no se realiza por sí, sino en relación con un medio poblado de objetos y por otros seres humanos.

De la dialéctica entre el ser y el medio derivarán las modificaciones de uno y otro. Ello significa que producir cambios en el hombre a partir de las ciencias humanas no quiere decir partir de un modelo ideal de tipo humano pasado o actual, con el cual habría que identificarlo. Es decir, que la epistemología debe ir acompañada de una filosofía de la educación. Desde esta perspectiva, el análisis de la mayoría de las definiciones de la educación pone de relieve que la acción educativa se sitúa siempre en alguna parte de un eje cuyos dos polos serían la realización de la persona con la actualización de sus tendencias y la adaptación a la sociedad.

La concepción dominante entre los siglos XVIII y XIX es individualista. La educación tiene como mira, entonces, desarrollar todas las potencialidades de un hombre abstracto implícitamente desligado de la comunidad humana. En nuestros días, según nuestra opinión, el hombre en devenir no puede definirse sino en un contexto social, el único que le permite desarrollarse como persona. Pretender perfeccionar uno o varios rasgos de la personalidad en sí no tiene, pues, sentido humano ni en el terreno racional ni en el corporal.

El hombre se realiza en la relación y la comunicación con los demás; el fracaso de la relación con los demás es una alienación. No obstante, no se debe evitar una forma de alienación para recaer en otra que consiste en tratar al ser humano como un objeto social, es decir, como un engranaje de la organización colectiva. Educar a un hombre como ser social es ir más allá de la mera adaptación a esta sociedad; es dotarlo de la aptitud para superar los cambios sociales que derivarán necesariamente de la evolución de la relación de los hombres entre sí. Esa versatilidad en la adaptación y esa posibilidad de cuestionar normas admitidas por tal o cual tipo de organización social y de cultura implican que la socialización debe ser una actividad viva del sujeto consciente de la necesidad del compromiso social, y no una simple conformidad o un acostumbramiento a esa sociedad. Acordamos con Muccielli (1966)[78] que "la socialización no se manifiesta como una aculturación ni como un mero ajuste de las conductas a la realidad social, sino más fundamentalmente como compromiso social y como la calidad y el temple de ese compromiso".

Estas pocas puntualizaciones nos posicionan acerca de nuestra perspectiva sobre la finalidad de la acción educativa. El propósito que le asignamos a la educación es favorecer un desarrollo humano que posibilite al hombre ubicarse y accionar en un entorno dinámico por medio de:
- un acabado conocimiento y aceptación de sí mismo;
- un mejor ajuste de la conducta;
- una verdadera autonomía y el acceso a la responsabilidad en el marco de la vida social.

---

[78] Citado por Leboulch (1982).

Trabajando sobre las aptitudes corporales, los movimientos y la actividad física, desde una concepción integral de la vida, estimularemos al ser social, ya que la conducta motora no es un proceso aislado y solo requiere significación en relación con la conducta de la personalidad íntegra. Dice Merleu-Ponty (1949) al respecto: "Los gestos de la conducta, las intenciones, que describen en el espacio que rodea al animal, no tienen como mira el mundo verdadero o el ser puro, sino el ser para el animal. No permiten transparentar una conciencia, es decir, un ser cuya esencia es conocer, sino una manera de tratar el mundo, 'de ser en el mundo' o 'de existir'".

Por el contrario, nos desentenderemos totalmente de los aspectos que hacen foco en el rendimiento motor y que persiguen la idea de hacer del cuerpo un objeto útil para la sociedad y que crea una forma de alienación que compromete la unidad de la persona.

CAPÍTULO V. LA ESTRATEGIA METODOLÓGICA

La necesidad de investigar en enseñanza para examinar, por un lado, las intenciones de los docentes, y por otro, la relación entre estas y la conducta (y no solo la conducta), se ha justificado basándose en varios argumentos. Un primer argumento es que un modelo que sea solo conductual es incompleto en términos conceptuales. No puede tener en cuenta cambios predecibles en el comportamiento del docente, que nacen de diferencias de sus objetivos, juicios y decisiones. Una segunda excusa que se cita a menudo en la literatura específica es que la investigación que relacione las intenciones de los docentes con sus conductas proporcionará una base sólida para su formación y para llevar adelante innovaciones educativas. Es decir, una investigación de este tipo enfoca el orden subjetivo de la experiencia de los docentes, y de este modo, muestra modelos coherentes para actividades centrales de la enseñanza. Una tercera razón que influye de un modo notable en el interés hacia "lo etnográfico" y la inclusión de sus ideas en discursos pedagógicos es la existencia de problemas que han sido y, posiblemente, solo pueden ser abordados a través de esta técnica. Situación que refleja que los resultados de estudios desarrollados por especialistas de otros campos, siguiendo metodologías y tendencias convencionales, no han contribuido a la solución constructiva y menos aun definitiva, como se pretendía imaginar, de los conflictos socioeducativos. Así, la posibilidad de emplear la etnografía para interpretar situaciones naturales en el contexto de la práctica educativa surge por el agotamiento de corrientes tradicionales de investigación para la explicación científica de tales situaciones.

Es preciso decir que la investigación sobre los procesos cognoscitivos y sobre el comportamiento de los docentes tiene una serie de métodos característicos que difieren en algo de los estudios correlativos y experimentales, y que le son propios. Estos métodos intentan recoger datos sobre los procesos mentales y, de este modo, utilizar pruebas más o menos directas de los pensamientos de los docentes y de sus juicios. Entender al docente y, como consecuencia, su enseñanza en general de esta forma supone alejarse de principios positivistas sobre el modo de hacer ciencia, y representa una aproximación cualitativamente distinta. Desde este punto de vista, la investigación sobre pensamientos del docente no busca emitir leyes generalizables acerca de los fenómenos que estudia. Las premisas metodológicas son distintas: los criterios de validez interna y externa se cambian por el de validez ecológica. Como señalan Good y Powell, "las generalizaciones que se derivan de este tipo de investigación no funcionan como predictores de sucesos futuros, sino como guías para la comprensión de situaciones y contextos particulares" (citado por Clark y Yinger, 1980).

Desde este eje de razonamiento, la pesquisa sobre los pensamientos del docente comporta algunos principios de la metodología fenomenológica, en el sentido de indagar situaciones y problemas individuales, únicos y específicos (Tesch, 1984). Desde esta perspectiva, el concepto de individualidad no ha de entenderse como sujeto único, sino que la unidad individual de estudio puede ser un docente, una clase, una escuela, una comunidad, etc.[79]

---

[79] Cf. con el párrafo siguiente: "El propósito fundamental de un estudio etnográfico es describir una cultura o una parte de ella dentro de una organización. Su interés es comprender el punto de vista y la forma de vida de los nativos, los que pertenecen naturalmente a esa cultura. Cuando el etnógrafo estudia una cultura aborda tres aspectos: qué hace la gente, qué sabe la gente y qué cosas fabrica y utiliza la gente. Tales aspectos conforman la conducta cultural, el conocimiento cultural y

Los cambios en las categorías teóricas determinan también transformaciones en las estrategias de investigación. Por ejemplo, la observación, las entrevistas y la perspectiva émica juegan un papel importante como método de recopilación de información. Además, el análisis estadístico inferencial no es esencial, sino que se aplican estadísticos descriptivos. Por último, digamos que no se necesitan grupos de control, ya que los diseños que se utilizan no son experimentales.

Las representaciones mentales de los docentes no se producen de la nada, sino que hacen referencia a un marco psicológico (teorías implícitas, valores, creencias) y a un contexto ecológico (recursos, circunstancias externas, limitaciones administrativas, etc.). Estos contextos han de ser también tenidos en cuenta a la hora de realizar investigaciones sobre pensamientos del docente.

Entonces, necesariamente surge como obvia la idea de que la actuación del docente se encuentra en gran medida influenciada por su pensamiento, y que este no es un reflejo objetivo y automático de la realidad, por el contrario, se construye subjetivamente durante la vida de la persona, dependiendo en gran medida de sus características, en un proceso dinámico que va de la acomodación del medio a la persona hasta la asimilación de la persona al medio. El docente, cuando se enfrenta a la complejidad de una situación real en la que debe intervenir, crea un modelo simplificado y manejable de tal situación,[80] y por lo general,

---

los objetos culturales. En la realidad, estos elementos se encuentran entremezclados pero el etnógrafo debe identificarlos claramente, descubriendo el significado de la gente asignada a cada uno de ellos". Santana y Gutiérrez Borobia, "Investigación cualitativa", Ediciones empresas Orbitas. Disponible en línea: www.orbitas.com/mal/sotre70/index.shtml.

[80] En esta línea de pensamiento, dice Eduard Spranger: "Todas las grandes verdades son simples. Es dudoso que el mundo sea tan claro y transparente como nosotros lo pretendemos. Pero el espíritu humano necesita

se comporta racionalmente respecto a dicho modelo simplificado. Para comprender, pues, el pensamiento del docente habrá que indagar los sucesos mentales, los contenidos, métodos y procedimientos tanto de su representación como de su proposición mental. Para esto, entonces, hará falta una técnica cualitativa que ayude a interpretar el entorno por medio de lo que dicen, piensan y hacen los docentes.

Si en el marco de este trabajo queremos indagar sobre las representaciones y creencias que tienen los docentes, la actividad física, el movimiento corporal, las expresiones preponderantemente motrices, pero también averiguar sobre aquellas creencias que indirectamente fomentan, incluyen y reclaman el movimiento, deberemos echar mano a diseños multimetódicos que no hacen foco solo en esos aspectos específicos bien definidos, sino también tratan de captar la visión que del mundo tienen los docentes.

En el siguiente cuadro sinóptico mostramos de la mano de Goetz y Le Compte (1988) los motivos de la elección de la etnografía para la indagación de las creencias. Estos autores la presentan como la descripción o reconstrucción de escenarios y grupos culturales, esto es: prácticas, artefactos, conocimiento popular, comportamientos y creencias. Además, por su carácter holístico, que implica conexiones

---

de las simplificaciones para orientarse en el mundo. Cada una de las ramas que tratan de formar el conocimiento –lo cual naturalmente no es la única meta de la formación– tiene pues la misión de encontrar lo verdaderamente elemental. Pestalozzi estuvo durante años como embriagado por haber descubierto que el niño se construye el mundo objetivo mediante ciertos actos primarios espirituales. La idea era acertada, aunque Pestalozzi no hubiese encontrado los elementos decisivos con absoluta certeza. Pero no solo el niño necesita de lo elemental. Desempeña un importante papel incluso en la formación del adulto, y tal vez se halle, en su expresión más pura, tan sólo al final de nuestro camino hacia la claridad". Y afirma Henry David Thoureau: "Simplifica, simplifica". Fragmentos de *Walden o la vida en los bosques*, Buenos Aires, Emecé.

de causas y consecuencias, la etnografía se hace idónea para estudiar este tipo de fenómenos globales como son las creencias y comportamientos.

¿Qué es etnografía?

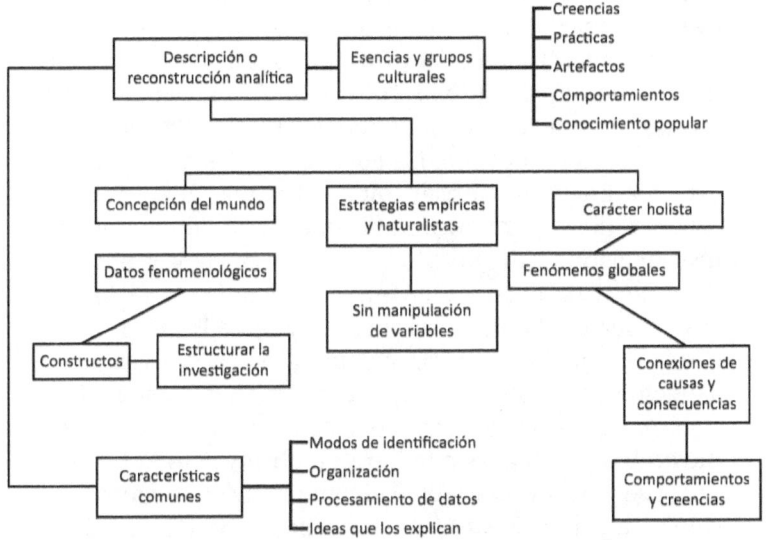

Goetz, J.P. y LeCompte, M.D. (1988). *Etnografía y diseño cualitativo en investigación educativa*. Madrid: Morata.

1. Modelos de investigación precedentes

La década de 1970 ha representado un considerable desarrollo en el campo de la investigación educativa (Escudero Muñoz, 1980; Pérez Gómez, 1983; Doyle, 1977; Gage, 1977; Medley, 1979; Brophy, 1983). El objetivo era primordialmente identificar los factores que determinan la eficacia docente. Esto es: asumiendo el paradigma "proceso-producto" como el marco teórico-metodológico más idóneo, identificar las conductas docentes (variable proceso) que mejor se relacionan con un buen rendimiento de los alumnos (variable producto). Innumerables fueron los sistemas observacionales construidos a los solos efectos de cuantificar las frecuencias con que los docentes usaban ciertas conductas (Simón y Boyer, 1974). Estas pesquisas, orientadas al principio en "dirección de causalidad" del rendimiento académico, demandaron estudios adecuados: en primer término, los correlacionales, y más tarde, los experimentales (Rosenshine y Stevens, 1986). Si bien este paradigma comportó una superación del modelo de investigación "presagio-producto" que concebía la eficacia docente (variable producto) en función de las características de personalidad (variable presagio) de los profesores (Getzels y Jackson, 1963), recibió no pocas críticas a sus aspectos conceptuales o teóricos y metodológicos. Los sistemas observacionales, debido a su complejidad, se mostraban ineficaces a la hora de observar toda la conducta del docente (variable independiente), y se centraban solo en algunos de sus aspectos específicos. Doyle (1990) denunciaba que haciendo foco en indicadores de efectividad, desembocaba en una visión despersonalizada, descontextualizada y mecanicista en la cual no se reconoce la complejidad de la enseñanza. Por otro lado, la conducta observada distaba de ser la habitual y podía ser sospechada de impostada, debido al propio condicionamiento que supone la situación de investigación. Además, Escudero Muñoz (1980) le imputa escasos méritos de fiabilidad y validez a los instrumentos utilizados, fueran sistemas observacionales o test de rendimiento.

Pérez Gómez (1983) señala siete limitaciones del paradigma de investigación "proceso-producto": a) definición unidireccional del flujo de influencia; b) reducción del análisis a los comportamientos observables; c) descontextualización del comportamiento docente; d) definición restrictiva de la variable "producto de la enseñanza"; e) rigidez en los instrumentos de observación y pobreza conceptual; f) marginación de las exigencias del currículo; y g) escasa o mala consideración de la variable alumno como activo mediador de los procesos de enseñanza-aprendizaje.

Otro modelo de investigación sustentado en el "enfoque cuantitativo" (Clark, 1979) es el de interacción aptitud-tratamiento, desarrollado por Cronbach y Snow (1977). Este estudio persigue aislar métodos instruccionales (tratamiento) que se adecuen a los alumnos con perfiles personales específicos (actitudes). Otro modelo es el diseñado por Carrol (1963), estudio que presupone que el "tiempo de aprendizaje" es un factor decisivo en el rendimiento del alumno. En este caso, el objetivo es aumentar el rendimiento, entonces las pesquisas tienden a optimizar la cantidad de tiempo que cada alumno dedica a la realización de su tarea de aprendizaje.

Martin (1983, citado por García, 1998) encuadra a estos tres modelos de investigación en lo que él denomina "enfoque reproductivo", y señala que se han caracterizado como "empírico-analítico[s], ciencia conductual, perspectiva receptiva, tradicionalista, tecnocrático, funcional-estructural, positivista y disciplina formal". Esto es así porque se ha concebido al docente como un receptor y transmisor de la información, y a los alumnos como receptores de un conocimiento elaborado (Clark, 1979).

En contraposición al enfoque reproductivo, se sitúa el "enfoque constructivo" (Martin, 1983). Este enfoque, también llamado cualitativo, descriptivo (Wolcott, 1980), fenomenológico (Wilson, 1977), naturalista (Lincoln y Guba, 1985), interpretativo (Erickson, 1986), etnográfico, reflexivo, ecológico, antropológico, holístico y ciencia simbólica, concibe al docente y al alumno como agentes activos cuyos pensamientos, planes, percepciones influyen y determinan su conducta. El contexto social, sea dentro de la clase o de la escuela en general, no es ajeno, y se lo pondera como una importante variable que influye en el proceso de enseñanza, de tal manera que la mayor parte de los estudios cualitativos están preocupados por el contexto de los acontecimientos y centran su indagación en aquellos contextos en los que los seres humanos se implican e interesan, evalúan y experimentan directamente (Dewey, 1934). Esto es lo que significa calidad: lo real, más que lo abstracto; lo global y concreto, más que lo disgregado y cuantificado. Es más, la investigación cualitativa investiga contextos que son naturales o tomados tal y como se encuentran, más que reconstruidos o modificados por el investigador (Sherman y Webb, 1988).

2. El tutor filosófico de los enfoques alternativos

Las fuentes filosóficas que subyacen en la aplicación de la etnografía son comunes a las bases que fundamentan las corrientes del paradigma cualitativo. A partir de la década de 1960, se aprecia el surgimiento de nuevas teorías (la Nueva Sociología de la Educación en Gran Bretaña, las Teorías de Conflicto en Estados Unidos, las Teorías Críticas en Francia y la Teoría de la Educación para la Libertad en América Latina) que aportan un substrato conveniente para el desarrollo de la etnografía. Las teorías antes mencionadas tienen como aspectos comunes la influencia de ideas marxistas, a diferencia de las teorías denominadas tradicionales (el Funcionalismo Parsoniano, el Empirismo Metodológico y la Teoría del Capital Humano).

Los estudios cualitativos se fundamentan en enfoques micro y en la búsqueda de significados contextuales, tal como lo propone la Nueva Sociología de la Educación. Esta tendencia se interesa por problemas ligados a comprender la forma como la sociedad determina, selecciona, clasifica, asigna, transmite y evalúa el conocimiento.

Los enunciados filosóficos sobre los cuales se apoya el paradigma cualitativo de la investigación se remontan a los planteamientos filosóficos de Nietzsche, Heidegger y Husserl, quienes promueven corrientes antirracionalistas en las correspondientes comunidades de intelectuales. Es pertinente mencionar ahora los postulados que aportaron una reacción ante lo que se venía desarrollando por siglos de una manera tan convencional. Para Nietzsche, el hombre moderno es apariencia, lo que representa no es visible y se oculta tras la representación. Heidegger, por su parte, resalta el proceso hermenéutico del conocimiento y sostiene que el ser humano es un ser interpretativo, pues la verdadera naturaleza humana es interpretativa. En su contexto, Husserl plantea que el método de aprehender epistemológicamente el conocimiento está en íntima relación con las características y estructura de dicho conocimiento. Las ideas de Nietzsche, Heidegger y Husserl se convierten entonces en promotoras en la transformación del orden que estaba establecido.

Otras ideas complementaron la emergencia de la Nueva Sociología de la Educación y, por ende, del paradigma interpretativo de investigación. La fenomenología defendida por Schutz hace énfasis en la observación de la experiencia cotidiana del mundo social. En 1987, García Guadilla señaló que la antropología y la fenomenología facilitaron la reflexión sobre la arbitrariedad que representaba el hecho de plantear ciertos modelos como "normas universales", e hizo tomar conciencia sobre la posibilidad de otras formas de percibir al mundo.

Los planteamientos filosóficos de la época permitieron al paradigma cualitativo fijarse como propósito la descripción e interpretación de la vida del actor y su entorno de una manera sensible y subjetiva (Flávia, 1983).

Se podría concluir en torno al substrato filosófico del paradigma cualitativo de investigación en el cual descansa la etnografía que sus postulados provienen del idealismo (irracionalismo, fenomenología) y de las epistemologías paracientíficas (Bergson, Husserl).

3. El método elegido

En su revisión de métodos para investigar las concepciones docentes, Kagan (1990) es bastante crítica de los diseños de investigaciones en los que se aplican un solo método o instrumento. Ella argumenta que tales diseños son problemáticos, ya que la complejidad de las creencias no puede ser captada por un único instrumento. En cambio, Kagan sugiere la aplicación de diseños multimetódicos que se enfoquen en aspectos específicos bien definidos de los conocimientos y creencias docentes. En este sentido, recomienda el uso de técnicas que produzcan descripciones cualitativas, "molares", y concluye que "el uso de aproximaciones multimetódicas parece superior, no simplemente porque permite la triangulación de los datos, sino porque son capaces de capturar los aspectos complejos y multifacéticos de la enseñanza y el aprendizaje" (Kagan, 1990).

La metodología alternativa que hemos elegido para realizar esta investigación es la etnografía, perspectiva fundamentada y respaldada por suficiente teoría pertinente. La etnografía es el método que nos permitió "leer entre líneas", hizo posible identificar aspectos inadvertidos, silenciados y/o desconocidos de la cultura escolar que se presentan a través de las prácticas cotidianas.

En este intento de construir objetos de conocimiento en las problemáticas del campo de la educación, en el contexto de las llamadas "sociedades complejas" (Rockwell, E. 1980), partimos de hacer un rescate de lo obvio, lo intrascendente, lo rutinario, lo que es mirado sin ser visto, tratando de encontrar la extrañeza en lo aparentemente común (Ruiz Bry, 2001).

Reforzando y recuperando el decir de Rockwell (1987):

La tarea básica de la etnografía es la de documentar lo no documentado; esta tarea generada en el contexto de las culturas ágrafas y extrañas ahora descubre y atiende a los fenómenos propios, demasiados familiares y por lo tanto igualmente desconocidos. La etnografía, [...] el etnógrafo, o la etnógrafa, participa, abiertamente o de manera encubierta, de la vida cotidiana de personas durante un tiempo relativamente extenso, viendo lo que pasa, escuchando lo que se dice, preguntando cosas; o sea, recogiendo todo tipo de datos accesibles para poder arrojar luz sobre los temas que él o ella han elegido estudiar.

En muchos sentidos, la etnografía es la forma más básica de investigación social. No solo tiene una larga historia (Wax, 1979),[81] sino que también guarda una estrecha semejanza con la manera como la gente otorga sentido a las cosas de la vida cotidiana. Algunos autores ven en ello su fuerza básica, mientras otros lo ven como una importante debilidad. La etnografía ha sido a veces descalificada como impropia para las ciencias sociales, porque los datos e información que ella produce son "subjetivos", meras impresiones idiosincrásicas que no pueden proporcionar un fundamento sólido para el análisis científico riguroso. Realmente, debe rechazarse la noción de una ciencia de la vida social que explica el comportamiento humano en términos causales.

---

[81] Citado por Kottak, C. (1994), *Antropología*, España, Mc Graw Hill.

Todas las investigaciones sociales sienten la tensión entre, de un lado, concepciones modeladas por las prácticas de las ciencias naturales, y de otro, por ideas sobre la especificidad del mundo social y sus implicaciones respecto a la forma como este debería ser estudiado. A menudo, esta tensión se presenta como una elección entre dos paradigmas en conflicto; además, con frecuencia son varios los nombres dados a estos paradigmas, y existe una considerable superposición de contenidos entre los diferentes estudios sobre el tema. Siguiendo la mayoría de los estudios precedentes, llamaremos a estos paradigmas "positivismo" y "naturalismo". El primero privilegia los métodos cuantitativos, el segundo promociona la etnografía como el método central, si no el único legítimo de investigación social (Hammersley y Attkinson, 1994). En este caso, habilita un proceso de conocimientos en el cual sujetos, espacios físicos e interacciones pueden ser analíticamente atravesados por las técnicas que le son propias:

- La observación participante. "La participación es, pues, no solo una herramienta de obtención sobre el proceso de información, sino el proceso mismo de conocimiento de la perspectiva del actor, pues este es el que abre las puertas y ofrece las coyunturas culturalmente válidas para los niveles de inserción y aprendizaje del investigador" (Guber, 1991: 67).
- La entrevista no directiva. "Entendida como relación social a través de la cual se obtienen enunciados y verbalizaciones, es además una instancia de observación, al material discursivo debe agregarse la información acerca del contexto del entrevistado, sobre sus características físicas y su conducta" (Guber, 1991: 205).
- Triangulación de la información. La triangulación permite reinterpretar la situación en estudio, a la luz de las evidencias provenientes de todas las fuentes empleadas en la investigación. Constituye una técnica

de validación que consiste en "cruzar", cualitativamente hablando, la información recabada. "La triangulación es un procedimiento muy poderoso de contraste" (Angulo Rasco, citado en Martínez Rodríguez, 1990: 102). Su propósito está dirigido a ofrecer la credibilidad de los hallazgos. La triangulación puede adoptar varias formas,[82] pero su esencia fundamental es la combinación de dos o más estrategias de investigación diferentes en el estudio de las mismas unidades empíricas. El ejercicio de la triangulación consiste básicamente en la comparación de información para determinar si esta se corrobora o no a partir de la convergencia de evidencias y análisis sobre un mismo aspecto o situación. Por ejemplo, se puede constatar la consistencia de una información considerando la perspectiva de diferentes actores como: docente, alumno, observador o investigador.

- La perspectiva "emíc (perspectiva del actor) y etíc (perspectiva del observador). Un enfoque emíc fomenta la visión de los nativos, cómo piensan ellos (o de un nativo en el caso de una historia de vida).

---

[82] Según Titone (1986), la triangulación puede realizarse de tres maneras distintas:

a) A través de la contrastación de la información obtenida y de su interpretación, considerando las fuentes implicadas: docente, alumnos, observador. Se trata de lograr un consenso intersubjetivo que elimine el riesgo del predominio de la subjetividad del investigador que pudiera conducirlo a actuar a sola, estableciendo caracterizaciones o inferencias excesivamente dependiente de su propio marco teórico, las cuales pudieran no corresponderse plenamente con la realidad o perspectivas de los otros participantes.

b) A través de la convergencia de información sobre un mismo fenómeno, obtenida mediante el uso de diversas estrategias metodológicas: observación, entrevistas, cuestionario, entre otras.

c) A través del análisis de la información a partir de la aplicación de métodos (cualitativos, cuantitativos, fenomenológicos), y también a través de estadísticas de contraste propias de metodologías cuantitativas.

¿Cómo perciben y categorizan el mundo? ¿Cuáles son sus normas de comportamiento y de pensamiento? ¿Qué tiene sentido para ellos? ¿Cómo se imaginan y explican las cosas? El antropólogo busca el 'punto de vista nativo' y se apoya en los portadores de la cultura –los actores– para determinar si algo de lo que hacen, dicen o piensan es significativo".[83]

4. Los procedimientos empleados: la matriz y el relevamiento de los datos

Es muy común toparse con una concepción equívoca acerca de que la investigación cualitativa en general y la etnográfica en particular carecen de una teoría y de una estructura. Se dice que "el etnógrafo simplemente merodea" (Le Compte y Preissle, 1993), registrando todo lo que pasa. Se critica que la recogida de datos no está guiada a priori por unos interrogantes de investigación, por un marco conceptual, o teoría, y que el análisis se ciñe a contar historias o a la explicitación de buenas afirmaciones hechas por los informantes para al final ofrecer una presentación que no sea cuantitativa. Por este motivo, y para dar explicaciones anticipadas sobre las preguntas acerca de qué fuentes de datos respondieron las cuestiones, dónde y de quién se pudieron obtener esos datos y cómo se manipularon, dividieron y presentaron, desarrollamos una matriz de datos (ver cuadro 1).

---

[83] Kotta, K. y Conrad, P. (1994), *Antropología una exploración de la diversidad humana con temas de la cultura hispana*, Madrid, Mc Graw Hill.

Cuadro 1. Muestra de la matriz de datos

¿Qué necesito conocer?	¿Qué datos responderán a esta cuestión?	¿De qué fuentes deben obtenerse los datos?
Creencias y teorías implícitas de los docentes relativas a la actividad física.	La actividad física y el movimiento cumplen alguna función en el proceso de aprendizaje. El aprendizaje racional es la única manera de aprender. La actividad física constituye un desahogo a los impulsos motrices. El recreo se concibe como un espacio de aprendizaje. Rol del orden y la quietud en el aprendizaje. Las formaciones tienen valor de enseñanza. Función del guardapolvo y del delantal. Relación de los conocimientos racionales con la vida.	Las entrevistas con docentes. La observación en el aula, el patio. Análisis de los materiales curriculares. Comparaciones (triangulación) entre lo que dicen y lo que hacen los docentes.
Decisiones y acciones asociadas a las creencias con relación al desarrollo de los hábitos motores.	Actitud frente a las expresiones espontáneas. Conductas ante la risa, el humor, el juego, la espontaneidad. La evaluación es cuantitativa o cualitativa. Calidad de los contenidos a enseñar. Relación de los contenidos de la escuela con los conocimientos de la vida.	Datos sobre las actitudes de los docentes de aula y del director. Revisión de cronogramas y programas curriculares y reglamento de la institución.
Patrones de conductas, modelos de acción y rutinas en el cotidiano docente.	¿Guardan formas rígidas de comportamiento? ¿Se ciñen irreflexivamente a las normas? ¿Asumen actitudes conformistas y poco críticas? ¿Se "adaptan" fácilmente sin tratar de modificar el medio?	Observación en el aula y en el patio. Análisis del Documento del Proyecto Educativo Institucional. (PEI) Triangulación entre lo observado y los datos de las entrevistas.

Esta matriz de datos nos permitió recabar con relativa eficacia los datos en el contexto natural donde ocurría el fenómeno. Como se muestra en la parrilla, la información que buscábamos era aquella que desnudara las creencias de los docentes y ayudara a descubrir las estructuras significativas que explicasen la conducta de los docentes en la institución escuela. Para ello fue relevante obtener los siguientes tipos de información:

- El contenido y la forma de la interacción verbal entre los docentes y los alumnos.
- El contenido y la forma de la interacción con el investigador en diferentes situaciones y ocasiones.
- La conducta no verbal: gestos, posturas, mímicas (muecas).
- Los registros de archivos, documentos, artefactos u otro tipo de evidencia.

Se utilizaron las técnicas propias a la metodología empleada, la etnografía, que detallamos a continuación.

4.1. Entrevistas abiertas a informantes claves

Se realizaron dos tipos de entrevistas: grupales, en primer término, en las cuales se explicaban los objetivos del trabajo; e individuales, luego, donde el entrevistado era, entonces, inducido a hablar con preguntas que tendían a direccionar el diálogo, pero no se coartaba en ningún momento su discurso.

Para el registro de las entrevistas abiertas, se utilizaron pequeñas grabadoras a casete. La grabadora comenzaba a funcionar antes de comenzar el diálogo. El contenido grabado magnetofónicamente luego se llevó al papel en letra escrita para su análisis. La mayor parte de las entrevistas duraron entre cuarenta y cinco minutos y una hora. Se realizaron veintitrés entrevistas en total.

Se operó de la siguiente manera: presentación del proyecto de investigación al grupo de maestras, director y porteras; declaración de objetivos y metodología a emplear; y conformación de un organigrama de entrevistas grupales e individuales.

4.1.1. Los indicadores relatados

Los signos buscados que nos permitiesen inferir las creencias subyacentes y representaciones implícitas, que guiaron la entrevista, fueron: las representaciones sobre el movimiento corporal; la actividad física; la conciencia del cuerpo en el entrevistado, así como los conceptos y representaciones ligados a ella; la relación del hombre con el cosmos; las ideas sobre el hombre, la educación, su axiología y su metodología; además, se pretendía averiguar qué decía el entrevistado, qué hacía o cómo lo hacía; qué esperaba que hiciesen los alumnos; cómo quería que se comportasen; qué cosas gustaba de hacer y qué cosas omitía hacer; así como qué le gustaría hacer que no hacía, y no solo con relación a la forma de enseñar y a lo que se enseñaba, sino también en el orden de lo particular.

4.2. Un cuestionario guía para las entrevistas

Las preguntas guías diferían ligeramente según fueran para entrevistar al director, a las maestras o a los profesores de educación física:
- Entrevista con el director:
  ¿Cuál es su tarea?
  ¿Cómo es su relación con los docentes, con los alumnos?
  ¿Qué interesa que los alumnos aprenden? ¿Por qué?
  ¿Cómo están organizados los contenidos que los alumnos aprenden?
  ¿Cómo se transmite ese conocimiento?

¿Cómo logra que los docentes enseñen esos contenidos o conocimientos?
¿Qué les interesa a los padres que sus hijos aprendan? ¿Por qué?
¿Cómo se siente con relación a los contenidos jurisdiccionales? ¿Por qué?
¿En qué áreas o materias u otros conocimientos o aprendizajes cree usted que se debería poner más énfasis?
¿Cuál o cómo sería su escuela ideal? ¿Con qué contenidos? ¿Qué actividades jerarquizaría? ¿Por qué?
¿Qué deberían saber sus docentes? ¿Qué deberían hacer sus docentes? ¿Y el personal no docente?
¿Modificaría la infraestructura edilicia? ¿Cómo? ¿Para qué?
¿En qué situaciones percibe que los niños se encuentran más a gusto?
¿Qué acciones o actitudes espera de los padres? ¿Qué cree usted que los padres esperan de la escuela?
¿Qué situaciones lo ponen en guardia?
¿Adónde vive? ¿Cómo llega a la escuela?
¿Tiene hijos? ¿Cómo es su vida? ¿Qué hacen cotidianamente?
¿Trabaja solo en esta escuela?
¿En qué ocupa su tiempo libre?

- Entrevista a los docentes:
¿Cuál es su tarea?
¿Cómo es su relación con los alumnos, con sus colegas, con el director?
¿Qué interesa que los alumnos aprendan? ¿Por qué?
¿Cómo está organizado lo que los alumnos aprenden?
¿Cómo se transmite / construye ese conocimiento?
¿Qué les interesa a los padres que los alumnos aprendan?

¿Cómo se siente con relación a la currícula? ¿Está de acuerdo con todo lo que debe enseñar? ¿Por qué?
¿En qué áreas o materias o espacios curriculares cree usted que se debería poner énfasis? ¿Por qué?
¿Cómo sería su escuela ideal? ¿Con qué contenidos?
¿Qué áreas o materias sacaría? ¿Por qué?
¿Qué acciones o actitudes espera de los padres?
¿En qué situaciones percibe que los alumnos se sienten más a gusto? ¿Por qué cree eso?
¿En qué situaciones los niños aprenden más y mejor?
¿Qué hacen los niños en los recreos?
¿Qué situaciones lo alertan?
¿Cómo llega hasta la escuela?
¿Tiene hijos? ¿Qué hacen en lo cotidiano?
¿Trabaja solo en esta escuela?
¿En qué ocupa su tiempo libre?

- Entrevista a los profesores de educación física:
¿Cuál es su tarea?
¿Cómo es su relación con los alumnos, con los maestros, con la dirección?
¿Qué interesa que los alumnos aprendan? ¿Por qué?
¿Qué les interesa a los padres que los niños aprendan?
¿Cómo se siente en relación con la currícula? ¿Por qué?
¿En qué áreas o asignaturas se debería poner énfasis? ¿Por qué?
¿Cómo sería su escuela ideal? ¿Con qué contenidos?
¿Qué áreas o materias sacaría? ¿Por qué?
¿Qué espera de los padres?
¿En qué situaciones siente que los niños están más a gusto? ¿Por qué?
¿Qué situaciones son de mayor cuidado o atención?
¿Qué hacen los niños en los recreos?
¿Qué hacen los niños en su clase?
¿Cuándo aprenden más a gusto y mejor?

¿Qué le gustaría hacer con relación a su asignatura?
¿Cómo llega a la escuela? ¿Dónde vive?
¿Tiene hijos? ¿Qué hacen?
¿Trabaja solo en esta escuela?
¿En qué ocupa su tiempo libre?

4.3. Observaciones participantes

Se realizaron observaciones no simultáneas. De ellas, solo cinco fueron observaciones totales; en las restantes se observó solo durante dos horas consecutivas incluyendo el recreo. A veces, las dos primeras horas, a veces, las dos últimas. Esto incluía la entrada y la salida de los alumnos a la escuela. La observación no excluía a ningún fenómeno, persona u objeto dentro de la escuela: alumnos, docentes, personal de aseo, administrativos, directivos, su interacción, la infraestructura, el mobiliario, las clases, los recreos, las reuniones de cooperadora, los actos conmemorativos y festivos, etc.

El observador, una vez constituido en el lugar de la escena, observaba participando, participaba observando; componiendo así el espacio investigativo en un *continuum* entre sujetos informantes y sujetos investigadores. Durante las observaciones, todo se volcaba en la libreta de campo. Inmediatamente después, para arribar a una explicación ecológica de lo acaecido entre los actores, el observador sintetizaba y resumía las notas en las cuales no quedaban fuera las interpretaciones propias y preguntas emergentes. Se efectuaron cuarenta y cuatro observaciones parciales que alcanzaron a sumar un total de 75 horas reloj.

4.3.1. Los indicadores observados

La mirada del observador siempre estuvo atenta a encontrar las formas y maneras de estar / ser / andar en la escuela. Se buscaban indicios de la actitud ante la libertad de acción, ante el asombro, ante las emociones, la actitud frente la espontaneidad; se permitía la risa, se promovía el canto, se buscaba el placer, el impulso motor, etc. y la posibilidad de jugar. Se miraban las posturas de los sujetos, su manera de andar, su conducta antes estímulos externos, sus expresiones, etc. Se trataba de ver no solo lo que se enseñaba, sino también cómo se enseñaba y cómo y qué se aprendía.

4.4. Revisión de documentos

Se analizaron documentos como la Ley de Educación Federal; los Contenidos Jurisdiccionales de la Provincia de Santa Fe; el Proyecto Educativo Institucional; los programas de los docentes; los registros de asistencia de los alumnos; registros administrativos; los organigramas de actividades; los cronogramas semanales, mensuales y anuales; las actas de las reuniones de la comisión cooperadora; los archivos históricos propios de la institución; fotografías antiguas y actuales; afiches publicitarios, etc.

4.4.1. Los indicadores leídos

En el caso de los documentos programáticos oficiales, se buscaban las bases ideológicas, la concepción de cosmos, de hombre, de la educación, su axiología y sus métodos. Para el caso de los documentos administrativos, ya su sola existencia era un dato como elemento ordenador, pero además, se buscaba su valoración y gravitación dentro de la gestión del proceso educativo en el sistema institución-escuela. Las actas de reuniones, fueran académicas o de las reuniones de la asociación cooperadora, podían brindar una idea de los propósitos de las acciones emprendidas. La historia de la institución ayudó a descubrir las concepciones actuales.

4.5. Triangulación

Nos permitió reinterpretar (y validar) la situación de estudio, a la luz de las evidencias provenientes de todas las fuentes empleadas en la investigación. En nuestro caso, para el estudio de esta unidad empírica se adoptó la combinación de dos estrategias de investigación diferentes. Se analizaron y compararon los datos de la observación con los datos de las entrevistas (tanto desde la perspectiva *emic* como desde la perspectiva *etic*) y los provenientes de la lectura de documentos de una misma situación. Se validó la consistencia de la información considerando la perspectiva de los diferentes actores: docentes y directivos, alumnos y el observador / investigador. Cuando las evidencias coincidían, tomamos por cierto el dato; caso contrario, se volvía al campo, a distintas fuentes, para corroborar la exacta interpretación.

4.5.1. Indicadores comparados

Los marcadores que se analizaron por medio de la triangulación fueron los de movimiento corporal, actividad física, concepción unificada o fragmentada de la realidad, concepción de hombre como totalidad o dicotómico, concepción de educación, etc. O sea, aquellas categorías que se usaron para interpretar las entrevistas y las observaciones.

5. Indicadores de nuestras prenociones

Describiremos primero los indicadores de la categoría de la perspectiva holística ecológica, de las representaciones y creencias que subyacen a manifestaciones, conductas, decisiones que se asocian a la quietud, a la inmovilidad, que insensibilizan al niño a los impulsos motores, que pretenden separar al movimiento de la vida.

5.1. Creencias y valores que tienden a inhibir la actividad física

- El pensamiento científico: concibe la naturaleza matemáticamente y se limita solo al estudio de las propiedades esenciales de los cuerpos materiales. Su obsesión por las medidas y las cantidades –parafraseando a Laing (1982)– ha hecho desaparecer la vista, el oído, el tacto, el sabor y el olfato, y junto con ellos, también se van la estética y el sentido ético, los valores, la calidad y la forma; esto es, todos los sentimientos, los motivos, el alma, la conciencia y el espíritu. Su fin es el dominio y control de la naturaleza. Esta manera de pensar descalifica el placer por el movimiento, la pasión por el esfuerzo físico, el gusto derivado de la relación corporal con el entorno y los demás, ya que no son propiedades esenciales de la materia, ergo, son refractarias a los baremos.
- El pensamiento analítico / reduccionista: dice que hay que reducir los fenómenos complejos a sus partes constitutivas para lograr entenderlos, o sea, dividir los pensamientos y problemas en cuantas partes sea posible y luego disponerlos en un orden lógico. Su consecuencia es la fragmentación. De esta manera, polariza al movimiento sobre bases técnicas y promueve el ejercicio físico, pero no la actividad física que traspasa el movimiento corporal y alcanza la experiencia personal y permite la relación con los otros y el ambiente, en la medida que nos transforma.
- El pensamiento racional: el *cogito cartesiano* hizo que la razón fuera más fuerte que la materia, y por consiguiente, que ambas cosas fueran entes separados y básicamente distintos. Nos ha enseñado a pensar en nosotros mismos como egos aislados dentro de nuestro cuerpo; nos ha hecho conceder más valor al trabajo

intelectual que al manual, etc. Esta dicotomía es el fundamento de la premisa *mens sana in corpore sano*.
- El pensamiento mecanicista: concibe al universo material como una máquina, carente de vida, de metas y de espiritualidad. Su funcionamiento responde a leyes mecánicas y todas las cosas –al menos las materiales– pueden explicarse en términos de disposición y del movimiento de sus partes. Este modo de pensar explica al movimiento desde una fría racionalidad técnica.
- El pensamiento lineal: genera una realidad gobernada por leyes inmutables, rigurosamente determinista. Todos los fenómenos tienen una causa y un efecto determinado.
- El pensamiento patriarcal: establece un orden rígido donde se asignan a los hombres los primeros papeles y la mayoría de los privilegios sociales, generalmente asociados a valores asertivos: competición, expansión, dominación, etc.
- La autoafirmación, comportamiento exigente, agresivo, expansivo, competitivo que se manifiesta en forma de poder, control y dominación de los demás por la fuerza.

5.2. Creencias y valores que tienden a facilitar a la actividad física

- El pensamiento cíclico: visualiza el cosmos como una realidad inseparable, donde el movimiento y el cambio constituyen las propiedades esenciales de las cosas; se basa en el equilibrio dinámico de los procesos fluctuantes.
- El pensamiento holístico: permite entender al cosmos como un todo armónico e integrado.
- El pensamiento ecológico o concepción orgánica del mundo: describe a las cosas y los sucesos percibidos

por los sentidos como conectados e interrelacionados, y no como manifestaciones diferentes de una misma realidad última.
- El pensamiento sintético: comporta la integración de contrapartes aparentes, ayuda a encontrar lo simple en lo complejo y viceversa.
- El pensamiento complejo: manera de pensar crítica que explica por qué el conocimiento de la quintaesencia de la parte no explica al todo.
- La humildad de sabernos partes del todo comporta una conducta cooperativa, autosustentable y gregaria.

Cuadro 2. Comparación de creencias y valores relativos a la actividad física

Creencias y valores relativos a la actividad física	
Inhibidores de la actividad física Perspectiva mecanicista, racional, analítica, reduccionista, lineal, simplificadora, patriarcal, digital. **Valores inhibidores del movimiento** Son los asertivos: expansión, competición, cantidad, dominación.	**Propiciadores de la actividad física** Perspectiva holística, ecológica, intuitiva, sintética, no lineal, compleja, analógica. **Valores facilitadores del movimiento** Son los integrativos: cooperación, conservación, calidad, asociación.

6. Indicadores emergentes del campo

En esta aproximación investigativa a escala de lo particular, partimos de las voces de nuestros sujetos. En ella, se trató de que el camino que va del sujeto investigador al sujeto "actor"[84] fuese construido imbricando ambas participaciones, respetando los términos de cada uno, no exenta esta situación de un contenido crítico y reflexivo,

---

[84] Se refiere al lugar de la centralidad de los conocimientos, las representaciones, las significaciones que producen los sujetos involucrados en las prácticas y relaciones que son objeto de nuestro análisis (Achilli, 1992, en Ruiz Bry, ob. cit.).

mediada por un trabajo teórico simultáneo, lo que posibilitó construir interpretaciones, nuevas interpretaciones y una reformulación de ellas, abriendo un proceso de construcción de conceptos que hacen un aporte a la teoría.

El análisis etnográfico define su hacer en sus técnicas y procederes como vehículo de conocimiento. Es un proceso que tensiona categorías teóricas con el cuerpo del material recolectado en observaciones y entrevistas durante el trabajo de campo, en su sentido más tradicional. Entendemos en el hacer investigativo un camino sinuoso, un ida y vuelta permanente de los objetivos, a la teoría, al campo, a la reflexión y análisis, que cobra significaciones diferentes en cada problemática a la que nos enfrentamos. En este sentido, nuestra preocupación se centraba en cómo aprehender la cosmovisión de los docentes, la transmisión a los alumnos y el eje formal de la institución-escuela, dando cuenta al mismo tiempo de sus particularidades y características. De esta manera, fueron apareciendo indicadores no esperados.

Veamos el siguiente cuadro:

Cuadro 3. Muestra de los indicadores emergentes del campo

Los indicadores de decisiones y acciones que inhiben hábitos motores:
El orden **Normas** (sistema de principios que permitan orientar y sujetar las acciones de los estudiantes) **Reglas y códigos** (sistema normativo que demanda cierto orden o formas de comportarse determinadas)
Disciplinamiento o ¿cómo hacer que los demás actúen en función a un orden establecido y deseable?
Miedo al desorden (a la transgresión y a la ruptura del orden establecido)
La razón (jerarquización desmedida del aprendizaje racional)

CAPÍTULO VI. EL REFERENTE EMPÍRICO

La interpretación de la información tiene en nuestro trabajo un alcance bien amplio; consecuentemente, el análisis de lo que dicen, hacen o piensan los protagonistas es etnográfico. Es decir, empleamos procesos analíticos sobre las expresiones verbales y no verbales, así como las acciones y el pensamiento de los actores (Buendía Eisman, 1998). Insistimos: se trata de analizar e interpretar la información proveniente del campo, cuyos datos no se acaban en las experiencias textuales de los protagonistas del fenómeno o de la observación realizada en el ambiente natural para comprender lo que hacen, dicen y piensan sus actores, sino que alcanza también a las interpretaciones de su mundo y de lo que en él acontece. Con esta prioridad, el alcance de la etnografía ofrece aportes importantes, en nuestro caso, a nivel micro (se identifica como microetnografía): consiste en focalizar el trabajo de campo a través de la observación e interpretación del fenómeno en una sola institución social. En nuestro caso, la investigación tuvo un carácter restringido que ameritó poco tiempo y pudo ser desarrollada por un solo investigador o etnógrafo.

1. La institución

La escuela n.º 262 Domingo Faustino Sarmiento integra el sistema de escolarización para la educación graduada junto con otros dos establecimientos de Enseñanza General Básica para toda la comunidad de Armstrong.

La ciudad de Armstrong es un conglomerado urbano de no más de doce mil habitantes, ubicado en el corazón de la región geográfica denominada Pampa Húmeda, y pertenece administrativamente a la provincia de Santa Fe, segunda circunscripción. Su estructura social está conformada básicamente por la integración de familias de origen inmigratorio italiano. La mayoría de ellas están dedicadas a la explotación agropecuaria de sus propios minifundios a través de instituciones cooperativas. Sobre esta base económica, se sustenta un pujante y sólido desarrollo industrial y comercial. Su locación mediterránea no impide la integración con el país favorecida por vías de comunicación terrestres (rutas y vías férreas) y virtuales (radios, televisión, telefonía, etc.).

La trama social de esta ciudad, a pesar de la fuerte ideología "calvinista", hoy devenida en neoliberal, deja entrever mucho trabajo de organizaciones no gubernamentales: seis clubes deportivos, una biblioteca pública, dos asociaciones laicas de ayuda a la comunidad, dos agrupaciones filoitalianas, un hospital público equipado, una agrupación ecologista y un cuerpo de bomberos. La labor política partidaria se desarrolla principalmente en sendas agrupaciones específicas, a saber: Partido Justicialista y Unión Cívica Radical. El credo dominante es el católico, que no excluye a grupos minoritarios que participan en otras iglesias, como evangelistas y Testigos de Jehová. En el orden estrictamente educativo, la ciudad cuenta con dos escuelas de Nivel Inicial, tres escuelas de Enseñanza General Básica, dos escuelas de Educación Polimodal, una escuela de Educación Técnica, una escuela diferencial y una escuela de nivel terciario.

2. Características de la institución

El edificio ocupa un cuarto de manzana, contra una esquina, y su frente da al Sur. Está flanqueado por calles pavimentadas muy anchas y arboladas. Es una construcción que data de los años de la primera presidencia de

Juan Perón. Consta principalmente de dos hileras de aulas (doce aulas en total) con sendas galerías, con frente al Sur, precedidas por un espacio con canteros con flores y separadas entre sí por un patio embaldosado. Detrás de la segunda hilera de aulas, hay un espacio libre con piso de tierra cubierto de gramíneas siempre verdes y sombreado por grandes y aromáticas moreras. En estos momentos, se pueden ver en un sector de este patio posterior los trabajos de construcción de dos aulas adicionales.

Estas dos alas de aulas están unidas a un cuerpo central constituido por un salón grande que se utiliza como salón de actos. Contiguamente, un espacio en el que se encuentra la puerta principal de entrada oficia de recepción, y adosadas a uno de los lados dos habitaciones fungen como Dirección y Vicedirección. Se agrega una habitación donde funciona la cocina y dos salones más pequeños usados como aulas. Dos cuerpos de baños completan la construcción. Arriba de la recepción y de las direcciones hay un pequeño departamento, que es la vivienda del director de turno.

La construcción data de 1952. Las paredes han sido realizadas enteramente de ladrillos y revocadas. Los techos son de tejas y a dos aguas "tipo chalet". El brillo de los pisos de baldosas denota el esmero por la limpieza. Todo el edificio está en muy buenas condiciones, tanto estéticas como funcionales.

Las aulas son espaciosas, luminosas y muy aireadas, efecto de la corriente generada por tres ventanas al Norte y la entrada del Sur. Todas poseen un artefacto calefactor y ventiladores de techo. Como único mobiliario para el trabajo de enseñanza y aprendizaje se encuentran mesas con cinco sillas, con el espacio libre hacia el lugar donde habitualmente está la maestra. En esa pared y en una contigua sin ventanas, se ubican dos paneles color negro donde se puede escribir con tiza.

En la sala que oficia de recepción, muy poco iluminada, hay tres grandes sillones de estilo moderno que ocupan un lugar central; a ambos lados, contra las paredes, se encuentran grandes aparadores donde se guardan libros de colección. Tanto la Dirección como la Vicedirección son habitaciones pequeñas con una ventana, y un gran escritorio ocupa el centro con un sillón y una silla de cada lado.

El gran salón central es bajo y con tres puertas de doble hojas que dan al patio embaldosado. Las puertas-ventanas precedidas por pesadas cortinas rojas oscurecen el recinto. En uno de los extremos, hay un tarimado con telón que oficia de escenario. Ocupando un lugar importante y sobreelevado, hay un gran piano. A su costado, se observa un equipo para reproducir música. Este salón es utilizado para la realización de actos conmemorativos, festejos escolares y habitualmente como salón para el dictado de las clases de música.

En líneas generales, podemos decir que es una infraestructura adecuada a los objetivos institucionales; desde lo edilicio, agradable, aunque tal vez poco arbolada, pero sí muy bien mantenida.

3. Historia de la escuela

Una de las prioridades que tuvo el primer gobierno comunal instalado en el mes de junio de 1886 fue la creación de una escuela fiscal en el pueblo. Después de largas gestiones, el 12 de marzo de 1889 se ofrece al señor Secretario de Inspección General de Coronda un local en condiciones de habitabilidad, propiedad del señor Francisco Arnolfo, ubicado en Roldán y la actual José Iraca. En el mes de marzo de 1889, fue habilitada con el nombre de Escuela Elemental Mixta, la primera escuela del pueblo.

A los pocos meses de habilitada, se traslada a un nuevo local situado en calle San Martín. Al año siguiente, la Comisión de Fomento tuvo que hacer frente a graves dificultades surgidas por el incumplimiento del pago del alquiler por parte del gobierno provincial.

El 19 de noviembre de 1890 se crea una Comisión Examinadora integrada por los ciudadanos más relevantes de la colonia.

En marzo de 1899 se produce la clausura de la escuela por falta de alumnos. La Comisión de Fomento se opone a la medida y meses más tarde, luego de tesoneras gestiones, es reabierta el 15 de agosto de 1899 bajo la dirección de la señorita Martina Soria.

Las primeras gestiones realizadas con el propósito de proveerla de su edificio propio no prosperaron, pero el gobierno comunal continuó bregando para lograr su objetivo, llegando así al año 1905, en que se constituye una Comisión Vecinal Pro Edificio Escolar.

El 25 de noviembre de 1906 tuvo lugar la colocación de la Piedra Fundamental. Un año más tarde, el 3 de septiembre de 1907 se llevan a cabo los actos inaugurales del edificio escolar. Este primer edificio estaba ubicado en la que hoy es Rivadavia 225, donde en la actualidad cumple sus actividades la Escuela de Educación Técnica n.º 291 "Fray Luis Beltrán".

A partir de la creación del local escolar propio de la escuela, comienza una época de gran esplendor y concurren a ella casi todos los niños del pueblo, contando con amplios salones y un enorme patio arbolado que cubría las necesidades de los educandos. En 1930 concurrían 321 alumnos de primero a sexto grado. En 1940 la escuela contaba con 378 niños.

El 26 de agosto de 1952 se traslada al nuevo edificio que ocupa en la actualidad, y debido al crecimiento de la población escolar se agregan aulas en años posteriores.

Dado que el presupuesto oficial fue siempre mezquino con las necesidades de los establecimientos educativos, debieron constituirse las asociaciones cooperadoras, fundándose en 1917 la primera Asociación Cooperadora de la Escuela, siendo su primer presidente el señor Luis Clerión, quien se desempeñó durante 35 años en dicho cargo. Esta entidad, entre 1929 y 1952, extendió su acción a la Escuela Fiscal n.º 600.

En mayo de 1932, respondiendo a una sentida necesidad social, se constituye la Comisión Pro Copa de Leche, presidida por la señora Ida de Borello, quien fuera una activa participante en el quehacer comunitario de Armstrong. También fueron creados el Comedor Escolar y el Ropero Escolar para paliar los efectos de la crisis económica de 1930. Como se puede advertir, es amplia la acción social que nuestra escuela cumplió a través de toda su historia.

En la década de 1950, la escuela contaba con 453 alumnos. Es entonces cuando llega a ella por medio de un concurso la señora Elba G. de Bleynet. Fue una época de gran esplendor, porque casi todos los niños concurrían a este establecimiento, que era de primera categoría. También en esa década se crea la Asociación de exalumnos en el año 1951 por iniciativa de la dirección de la escuela. Esta agrupación contó desde sus inicios con la más entusiasta y decidida colaboración del vecindario en general; reunió a los jóvenes aficionados de la localidad formando un numeroso elenco dividido en dos grupos, uno dedicado a la danza y música nativa y el otro, al teatro. Noble labor socializadora donde queda como prueba perdurable la erección del busto a don Domingo F. Sarmiento en el nuevo local escolar en colaboración con la Asociación Cooperadora. También fue un hito importante para la comunidad escolar la creación del Club de Madres en el año 1958 por iniciativa de Nieves Santurtún.

Extenso sería el detalle de la serie de positivas realizaciones cumplidas por este importante organismo a través de los años, no pudiendo omitir la inauguración del busto a la Madre en el patio escolar.

En la década de 1960, se produjeron importantes cambios pedagógicos y educativos, se crea la sección de preescolar a cargo de la señorita Vilma Kauffeler, graduándose su primera promoción en el año 1963.

En cuando a los cambios pedagógicos, aparece una nueva concepción de la matemática, conocida como Matemática Moderna, y se incrementa la participación activa del alumno en el aula, que ya se había iniciado años atrás.

Se crea una nueva disciplina: Educación Física, a cargo de profesores especializados; hasta ese momento, las clases eran dictadas por la maestra de grado (fragmentos de *Historia de la Escuela n.º 262*, de D. Daró,1996).

También se produce una reforma en el ordenamiento de los grados: se suprime en 1968 el primero superior y se agrega el séptimo grado.

A partir de 1968, comienza a funcionar el Centro de Alfabetización para Adultos a cargo de la señora Nélida Martina y la señorita Judith Díaz, para cubrir una perentoria necesidad de la comunidad que no había finalizado su ciclo primario y necesitaba el certificado de séptimo grado para acceder a diferentes puestos de trabajo.

También en esta época funcionaba la Agencia Escolar de la Caja Nacional de Ahorro y Seguro para fomentar la práctica del ahorro, a fin de que el espíritu de previsión se arraigara en las personas desde la más temprana edad.

Durante el transcurso de los años que van desde 1970 a 1980, la escuela siguió insertándose en la comunidad tratando de estrechar e incrementar aún más los vínculos ya existentes, siendo permeable a toda iniciativa, proyecto, emprendimiento que emanara de ella y requiriera colaboración de la escuela, o en su defecto, solucionando conflictos o problemas que pudieron presentarse tratando de actuar siempre con ecuanimidad. A su vez, por intermedio del Departamento de Extensión Comunitaria se canaliza toda ayuda, asistencia, colaboración que requiriera no solo la comunidad educativa, sino asimismo la comunidad en general, ya que siempre la escuela estuvo presente en toda campaña emprendida por distintas instituciones de la localidad.

Los padres colaboraban por intermedio de la Asociación Cooperadora y el Club de Madres, y puede decirse que la labor realizada especialmente en los últimos cinco años fue encomiable, ya que colaboraban en todo cuanto se les solicitara (compra de material didáctico, muebles, organización de festivales, etc.). Contribuyeron al mejor desenvolvimiento de la labor escolar, incrementando así entre padres y maestros el espíritu de camaradería y una mejor relación entre el hogar y la escuela.

Los alumnos provenían de hogares carenciados, clase media y clase media-alta. Los grados estaban conformados por grupos homogéneos y se comenzó a trabajar a mediados de 1969 por áreas de aprendizaje en sexto y séptimo grado. Las clases se impartían tratando de desarrollar aptitudes y habilidades que permitieran a los alumnos resolver problemas que el diario vivir imponía.

Había una preocupación por que las clases fueran dinámicas y despertaran el interés de los niños, utilizando apoyos (proyector, guías de estudio, copias mimeográficas, maquetas, etc.) y todo cuanto contribuyera a que el alumno "aprendiera haciendo".

Realmente esta fue una época de avance, porque se produjeron cambios en el proceso de enseñanza y aprendizaje, ya que –como se señalara– entre otras cosas, fue la época en que se introdujo y fue perfeccionándose paulatinamente la enseñanza por áreas.

Las alumnas de la Escuela Normal Nacional comenzaron a realizar sus prácticas docentes en el establecimiento.

Se dio la importancia que requería la etapa de aprestamiento para el aprendizaje de la lectoescritura y el número, dado que solo existía una sección de preescolar y no todos los ingresantes al nivel inicial habían concurrido a él.

En cuanto a las mejoras en el edificio escolar, entre otras cosas realizadas merecen citarse la construcción de dos aulas, el acondicionamiento del aula de preescolar con los útiles adecuados para cada uno de los rincones y el parque infantil para dicho nivel.

Esto permitió que el preescolar funcionara en dos salitas, incrementando los espacios, lo que devino en el aumento de la matrícula. Aunque funcionara en este edificio, era independiente de la escuela primaria, con sus docentes y su correspondiente personal directivo.

En la década de 1980, la escuela continuó su crecimiento, viéndose este afectado con el correr del tiempo debido a ciertos problemas originados por los paros docentes, lo que llevó al ambiente a cierta politización, produciéndose un distanciamiento entre la escuela y la Municipalidad. Este hecho marca al establecimiento, que sufrió disminución en la matrícula, pues muchos padres retiraron a sus hijos para cambiarlos de escuela. Las relaciones interpersonales entre docentes y directivos también se vieron afectadas, del mismo modo que las existentes entre el personal de la escuela con la comunidad.

Este desequilibrio que desestabilizó todo el funcionamiento se fue ordenando lentamente a través del tiempo. La Asociación Cooperadora siguió funcionando, aunque no con el esplendor de antaño, pero contribuyendo y logrando construir otro salón, el de primer grado. Instalaron el gas natural para la calefacción de todos los ámbitos. Recibieron en donación de un partido político un televisor y un reproductor de video. En lo pedagógico, se dieron los primeros pasos en la aplicación del método psicolingüístico. La mayoría de los maestros trataban de actualizarse y perfeccionarse, mostrando con sus esfuerzos una verdadera vocación, ya que tenían en el entorno de trabajo varias presiones que debieron soportar.

La situación que se vivía se vio nuevamente afectada cuando en el año 1990 se hizo cargo de la dirección un docente de otra localidad, que lejos de acompañar a todos los estamentos de la escuela en camino de equilibrarse, contribuyó a cierto desmembramiento, en especial, de la Asociación Cooperadora, con cuyos integrantes no tenía buenas relaciones. Al viajar todos los días cumpliendo con su horario escolar obligatorio, no representó a la institución cuando la comunidad lo requería.

No obstante, cabe realzar la acción desarrollada por la vicedirectora y las maestras, quienes con una Asociación Cooperadora pobre de miembros, escasas relaciones con la Municipalidad y el entorno familiar, lograron llevar a cabo en el año 1992 la Feria de las Colectividades, cuyo objetivo se centró en el acercamiento entre la escuela y la comunidad.

A partir del año 1993, se produce un nuevo cambio de personal directivo. Los cargos fueron cubiertos por personal titular y experimentado. La Asociación Cooperadora que funcionaba con poquísimos miembros contribuyó haciendo habitable la casa, que fue ocupada por la nueva directora, estableciendo su residencia en ella. Instalaron agua caliente y refaccionaron la instalación eléctrica. En el mismo momento y a pedido de las nuevas autoridades, compraron un equipo de música con amplificador, que la escuela no poseía.

Ardua fue la labor del nuevo personal que con el tiempo y las acciones fue logrando el equilibrio deseado. Se restablecieron plenamente las buenas relaciones entre la escuela y la Municipalidad, lo que abrió las puertas para el acercamiento de la gente a la escuela.

Se constituyó una nueva Asociación Cooperadora y un Club de Madres, sólidos y numerosos, que hasta el día de hoy trabajan incansablemente junto al personal directivo y docente para mantener en pie y acrecentar el tan deseado prestigio que posee la Escuela n.º 262, no solo en esta comunidad, sino además en el ámbito regional, gracias a la realización de la Feria de las Colectividades que en el año 1995 fue declarada de interés regional por la Municipalidad.

A partir de este equilibrio logrado, creció todo a pasos agigantados. El edificio cambió, tanto su cara interna como externa, logrando su pintura exterior e interior completa, construcción de la vereda y parquización del frente de la escuela, construcción del depósito y el asador en el patio. Estos últimos formaron parte del proyecto de construcción del gimnasio elaborado por la Secretaría de Obras Públicas de la Municipalidad.

El Club de Madres logró la instalación de ventiladores de techo en todos los ámbitos, y el cambio y modernización de los escritorios y sillas de las aulas para los docentes. Se efectuó la remodelación de la cocina, con la instalación del agua caliente, el cambio de la heladera, la cocina, la colocación de mesada y alacenas, la compra de un congelador y hasta la instalación de dos extinguidores (por el momento).

Se aumentaron los volúmenes de la biblioteca, en especial, la parte de perfeccionamiento docente y consulta para los maestros. A todo esto contribuyó el éxito que tuvo la realización de la Feria del Libro que los docentes comenzaron a llevar a cabo a partir del año 1995, siendo los pioneros de su realización en esta localidad. Su influencia en lo pedagógico fue notoria, incrementando el hábito lector y el placer de leer en los alumnos. En el año 1997, se instituyeron las bibliotecas de aula con su correspondiente mobiliario en cada una, gracias al estímulo por la inclusión de esta escuela en el Plan Social.

A partir del año 1993, el FAE regularizó su funcionamiento, siendo la Secretaría de la Comisión Administradora desde ese año la directora de esta escuela. Este hecho también pesó para el mejoramiento de las relaciones con la Municipalidad y contribuyó a mantener el prestigio de la institución. Con los subsidios otorgados por el FAE, la Asociación Cooperadora se vio respaldada y ayudada para la realización de muchas obras.

En lo referente al personal, se logró tener titulares en casi todos los cargos con maestras abiertas al cambio, con deseos de perfeccionarse para aplicar la transformación educativa.

La matrícula se incrementó logrando la mayor cantidad de alumnos en toda la historia de la escuela desde que es de segunda categoría. Para este logro influyó también el aumento de los recursos para la enseñanza, como ser la creación de la Sala de Informática en el año 1996, equipada con recursos propios obtenidos en la Feria de las Colectividades.

En el presente, el personal directivo, docente, de servicio, la Cooperadora y el Club de Madres aúnan sus esfuerzos para mantener y continuar engrandeciendo el prestigio logrado, trabajando en un clima de camaradería, amistad, unión, armonía y mucha voluntad (Daró, 1996).

4. Personas de la institución

4.1. Cantidad de docentes y auxiliares

Un director.[85]
Un vicedirector.
Seis maestros especiales (Tecnología, Educación Plástica, Educación Artística y Educación Física).
Un maestro de inglés.
Un maestro de tecnología.
Quince maestros de grado.
Tres porteros.

4.2. Calidad de docentes y auxiliares

Todo el personal es femenino a excepción del maestro de Educación Física de los grados superiores, que por

---

[85] La desinencia masculina no debe ser considerada como determinante de género, sino en su forma impersonal.

disposición debe ser de idéntico género que los alumnos. La edad promedio de los docentes es de 42 años. En su gran mayoría, integran familias nucleares donde desempeñan el rol de esposas y madres. Todas, a excepción de los maestros denominados especiales, tienen una sola ocupación laboral. La totalidad del personal que trabaja en la escuela habita en Armstrong.

El personal que cumple funciones educativas estrictamente tiene formación profesional pertinente. Son maestras de grado o profesores en educación básica y profesores de educación musical, profesores de educación artística, profesores de educación física y profesores de inglés.

4.3. Cantidad de discentes

Tabla que muestra la cantidad de grados y cantidad de alumnos por grados
Hay 465 alumnos distribuidos según indica la tabla, en dos turnos

Turno mañana	1º grado	2º grado	3º grado	4º grado	5º grado	6º grado	7º grado	7º grado
	27	32	29	30	27	38	31	31
Turno tarde	1º grado	1º grado	2º grado	2º grado	3º grado	4º grado	5º grado	6º grado
	37	30	27	27	33	34	31	31

4.4. Calidad de discentes

Los alumnos de una edad de entre 5 y 13 años se distribuyen equitativamente entre ambos sexos. Provienen mayoritariamente de hogares de clase media de la misma comunidad de Armstrong, no hay alumnos de otras localidades.

Esta institución no posee servicio de comedor, pero sí ofrece a los alumnos una merienda a media tarde en lugar de la copa de leche que establece la disposición oficial.

Cronograma semanal de actividades

Días	Lunes					Martes					Miércoles					Jueves					Viernes				
Hora	1ª	2ª	3ª	4ª	5ª	1ª	2ª	3ª	4ª	5ª	1ª	2ª	3ª	4ª	5ª	1ª	2ª	3ª	4ª	5ª	1ª	2ª	3ª	4ª	5ª
Turno mañana																									
1°								EF	Tec	Tec								Mús	EF				Plas		
2°										EF		Tec	Tec				EF			Plas			Mús		
3°										EF				Tec	Tec		EF		Mus	EF					
4°									Tec	Tec										Tec	Plas	Mús			
5°																	Tec	Tec				Plas		Plas	Mús
6°										EF							Tec	Tec						Mus	Plas
7°										EF						Pla	Mus			E	Ingl	Ingl			
7°										EF						Mús	Plas			E			Ingl	Ingl	
Turno tarde																									
1°		Plas	Mús									Mús	Plas								Tec				
1°	EF															EF									
2°				Plas	Mus			EF				Tec	Tec			EF		Tec							
2°				Ms	Plas			EF						Tec	Tec	EF		EF				Tec			
3°	Plas					EF											Tec	EF					Tec		
4°		Mús	Plas				EF															Tec			
5°									EF					Mus	Plas				Tec	Tec				Tec	Tec
6°													Mus	Plas			EF								

5. La comunidad en la escuela

Una Asociación Cooperadora conformada generalmente por padres de los alumnos y un Club de Madres integrado por madres son instituciones dependientes y subsidiarias de la escuela que fungen como grupos de soporte económico.

6. La claves de la información

Los criterios para la determinación de los informantes claves se estimaron según: el grado de responsabilidad atinente a las estrategias institucionales de enseñanza; el tiempo compartido con el alumno en función docente; y la especificidad del agente educativo y en quiénes se refleja el accionar docente.
- Los directivos de Enseñanza General Básica por ser quienes tienen a cargo la ejecución del Proyecto Educativo Institucional.
- Los docentes de grado del Primer Ciclo de la Enseñanza General Básica por ser quienes comparten más tiempo con los alumnos.
- Los profesores de Educación Física por ser quienes utilizan el movimiento corporal como principal agente educativo.
- Los alumnos de los grados del Primer Ciclo de la Enseñanza General Básica.

7. Lo cotidiano en la escuela

Miércoles 7 de marzo de 2001
Es el último día de la primera semana de clases. Faltan escasos minutos para la hora de comienzo de las

actividades. Los alumnos llegan a la escuela, la gran mayoría en bicicleta, los más grandes solos, los más chicos en el portaequipajes con sus padres. Es de notar que no bien suben a la vereda, se apean (debe haber normativas al respecto). Muy pocos llegan en auto o en autos de alquiler. Todos visten guardapolvos blancos: abrochados por delante con martingala, los varones; abrochados por la espalda, ceñidos por un cinturón, las niñas. La gran mayoría trae sus útiles en mochilas o valijitas con rueditas.

Los niños, luego de pasar a dejar sus mochilas en las aulas, juegan en grupos en el patio central (principal). De pronto, suena dos veces la campana y las maestras ordenan filas para ingresar a las aulas.

El observador está en la misma aula en que los niños charlan y acomodan sus cosas. Igualmente, ellos salen tras el sonido de la campana para formar filas. Luego vuelven a ingresar al aula.

Grupos de padres, principalmente de los más pequeños, son renuentes a abandonar a los niños y permanecen un rato más en las galerías.

El aula es una habitación amplia y rectangular, iluminada por tres ventanas practicadas en la pared norte y aireada por la corriente que se forma a través de la puerta en la pared sur. Las paredes están pintadas de verde claro, la parte inferior, lavable. Dos pizarras, seis mesas con sus sillas y un escritorio es todo lo que hay por mobiliario. Un ventilador de techo y un calefactor sirven para amortiguar la rigurosidad del clima.

Este es un tercer año (EGB 1º nivel) y la señorita Julia está a cargo.

Los niños, una vez dentro del aula, ocupan sus lugares espontáneamente y esperan sentados la indicación de su maestra.

Los niños, al ver al observador, recuerdan el primer contacto; el observador ya no es un extraño y comienzan con la tarea del día.

Los niños están sentados alrededor de mesas de cinco en cinco, el espacio libre da hacia la pared con pizarra, posición ocupada habitualmente por la maestra. Las sillas son cómodas y adecuadas a su estatura de tal manera que los niños apoyan los pies en el suelo.

Algunos se mueven, ora acomodando sus mochilas, ora acercándose a la maestra.

La maestra escribe día y fecha en la pizarra y los niños copian en sus cuadernos. La maestra atiende la diferencia de aprendizaje y adecua la actividad para dos alumnos que no alcanzan el nivel de la mayoría de sus compañeros. La maestra dialoga constantemente con los niños, su voz es tranquila y clara. Después de unos minutos, la maestra se impacienta y azuza a los niños: ¡Dale, dale! ¿Por qué estás parado? ¿Terminaste? ¡Miren que yo comienzo!

La clase es de matemática. Dictado de números. Ordenando la consigna, los niños trabajan libremente a los pocos minutos, no bien terminan la tarea, se levantan, pasean o charlan entre ellos.

Todos visten guardapolvos, a algunos niños les quedan grandes y son nuevos. Es de resaltar que la temperatura es alta (son las 13:15 hs.), sin embargo, los niños parecen no sufrir los efectos de la temperatura a pesar de que tienen cubiertos los brazos con las mangas. La maestra viste un guardapolvo muy liviano, tipo camisola, a cuadros de colores azul y gris, mangas cortas. En dos grandes bolsillos guarda tizas, lápices y otros objetos para su tarea.

Los útiles son transportados en mochilas multicolores, algunas, con rueditas. Llama la atención la cantidad de lápices, fibras, colores, carpetas y cuadernos que llevan.

Es un día de mucho calor y humedad, algunos visten delantales y otros no. La maestra indica copiar la fecha. Los niños, mientras lo hacen, charlan entre ellos. Alguno hace algún comentario y charla brevemente con la maestra. La maestra pega algunas figuras en la pizarra y sugiere silencio. Luego rememoran entre todos el cuento relatado anteriormente. La maestra anima y concede la participación. Los niños trabajan en sus cuadernos a su ritmo y la maestra recorre el aula entre ellos, mientras observa lo producido. En dos o tres oportunidades, debe levantar la voz y llamar la atención a algún niño. Dos golpes de campana anuncian el comienzo del recreo. La maestra indica que hay que salir al patio e ir al baño.

Dos golpes y los niños entran al aula. La maestra indica: "La señorita..." (en tercera persona). Observa a un grupo y le llama la atención a un niño amenazándolo con sacarlo del aula o dejarlo en último lugar para salir. La maestra llama la atención con frecuencia a distintos alumnos, levantando la voz. Los niños ahora trabajan en la reconstrucción de una historia. Repetidas veces se escucha el "¡shh! ¡Shhh!" de la maestra. El murmullo es constante y la maestra debe levantar la voz para que la escuchen. Un grupo pasa al frente a leer. El niño lee con dificultad y sus compañeros se ríen. La maestra levanta la voz y reprende: "¡No es para reírse!". Dos niños se siguen riendo en el frente y la maestra le ordena sentarse amenazándolo a quedarse sin recreo: "¡Maleducados!", dice. Algunos niños manifiestan sentir calor y la maestra les indica que se saquen los delantales. Suena la campana. La maestra indica que hay que salir, ir al baño, tomar agua y descansar.

No todos los grados salieron al patio. La mayoría de los alumnos juegan espontáneamente en el patio posterior de tierra, cubierta de gramíneas siempre verdes. El espacio es fresco y agradable, sombreado por aromáticas moreras. Espaciados irregularmente hay obstáculos (troncos, cubiertas, tubos de cemento) que los niños trepan y saltan.

Dos golpes de campana (no estridentes) avisan que el tiempo de juego finalizó. Los niños no parecen haber escuchado. Solo el llamado (una sola vez, en voz alta, no gritando) de la maestra los lleva inmediatamente al aula.

Segunda hora:

Comienza la hora de lengua y la maestra distribuye tarjetas con consignas. Los niños trabajan individualmente y la maestra recorre aquí y allá. Alentando, corrigiendo. Después de un rato, pregunta quién desea leer en alta voz. Lo hacen de uno en uno. Suena la campana.

Algunos niños alertan a la maestra sobre el tañido de la campana, que pareció no escucharla. La maestra responde: "Esto es más importante".

Terminando la clase, los alumnos se disponen para ir a clase de dibujo en otra aula. Hace mucho calor. Ninguno viste guardapolvo. Los niños ordenan las sillas (apiladas) en una esquina. A mi pregunta, responden: "Así las porteras pueden limpiar".

Seguimos en Matemática. Los niños deben resolver un ejercicio de adición. Algunos se levantan y rodean a la maestra con dudas.

La maestra recorre las mesas y charla, comparte, festeja y contiene a los niños.

El "clima" dentro del aula es tranquilo, los niños permanecen casi siempre sentados en sus lugares. Aquí y allá alguno se arrodilla sobre la silla o se para o pasea.

El modo tranquilo y afable de la maestra acompaña. Un niño se "hamaca" en su silla, visto por la maestra, fue reprendido: "¡No te hamaques que se rompe!".

Algunos que necesitan afinar la punta de sus lápices se acercan al cesto de basura y lo hacen.

De pronto, dos golpes de campana son festejados por gritos de júbilo. Ruiditos de levantarse se sienten por doquier. La maestra da consignas sobre ir al baño y tomar agua.

Algunos se demoran dentro.

Nuevo recreo, este es el más largo. Durante ese recreo, los niños reciben una factura dulce a modo de merienda. Por disposición oficial, deberían recibir una copa de leche, pero la falta de costumbre de parte de los niños por la bebida alimenticia así como la preferencia por las facturas de pan motivaron el cambio en la ración alimentaria. Quince minutos después, suena nuevamente la campana: señal inequívoca de retomar las actividades.

Comienza la hora de Lengua y la maestra distribuye tarjetas con consignas. Los niños trabajan individualmente y la maestra recorre aquí y allá alentando, corrigiendo. Después de un rato, pregunta quién desea leer en alta voz. Lo hacen de a uno. Suena la campana.

Algunos niños alertan a la maestra sobre el tañido de la campana, que pareció no escucharla. La maestra responde: "Esto es más importante".

Terminando la clase, los alumnos se disponen para ir a clase de Dibujo en otra aula. Hace mucho calor. Ninguno viste guardapolvo. Los niños ordenan las sillas (apiladas) en una esquina. A mi pregunta, responden: "Así las porteras pueden limpiar".

Hora de Plástica:

Los niños, a medida que entran al aula, ayudan a acomodar las sillas apiladas en un extremo. Reina un gran bullicio. La maestra debe gritar para que los niños escuchen. Debe nuevamente llamar la atención. A la seña de "la lechuga", comienzan a recitar / cantar para hacer silencio. El bullicio cesa momentáneamente, la maestra habla a los gritos y propone una actividad: representar con el cuerpo actividades desarrolladas en las vacaciones. Solo unos pocos atienden la consigna. Todo es grito, hablan a los gritos. La maestra habla a los gritos. Hay una gran movilidad: buscan agua, preparan utensilios, etc.

En el patio suena de nuevo la campana. Lentamente los niños salen afuera del aula, esta vez con las mochilas a cuestas y se ordenan en filas paralelas en el patio central. Algunos grados ya llegan formados desde el aula. Luego de unas breves palabras y el saludo de parte de la Directora, marchan en orden hacia la salida.

CAPÍTULO VII. EL SISTEMA DE CREENCIAS EN LA ESCUELA

1. El análisis interpretativo

El análisis interpretativo nos habilitó para devolver el universo de sentido que nuestro referente empírico[86] en sí comporta. Así, el trabajo con maestros, directivos y profesores de Educación Física nos permitió permanecer vinculados constantemente con las realidades cotidianas y acceder a aspectos no tan evidentes de la vida escolar, favorecidos en todo momento por la comprensión y el apoyo de los docentes. El diálogo y el análisis conjunto enriquecieron y profundizaron nuestro trabajo. Nadie mejor que la persona involucrada para hablar sobre lo que siente y piensa, aun cuando siempre nos dará su imagen de las cosas, lo que ella cree que son, con sus propias subjetividades.

Todo este corpus teórico constituido por los aportes del campo[87] fue válido como relevante para nuestro trabajo: entrevistamos a docentes, profesores de educación física y directivos de establecimientos de Enseñanza General Básica. Hemos "dejado hablar al material recolectado". Así, los sujetos de entrevista, de observación, permitieron aflorar una teoría propia del "campo", la perspectiva émica (la voz de los sujetos, sus interacciones, su cosmovisión), que al cruzarla con la teoría aportada desde bibliografía,

---

[86] En un sentido de sinonimia con "campo".
[87] En el sentido que R. Guber da a la categoría: "El campo es una cierta conjunción entre un ámbito físico, los actores y actividades. Es un recorte de lo real que queda circunscripto por el horizonte de las interacciones cotidianas personales y posibles entre el investigador y el informante" (Rockwell, 1986: 17; en Guber, 1988: 83).

contribuyó a formular datos que fueron andamiando el proceso de investigación.

La presentación etnográfica del próximo capítulo conlleva el propósito de describir las redes de relaciones que permitan emerger el conocimiento del universo simbólico. "La descripción etnográfica es una descripción que contiene la construcción de un conocimiento dado por la búsqueda de nexos entre las categorías y los hechos observados de múltiples inferencias que permiten armar la trama de relaciones que subyacen a ese particular" (Geertz, 1995: 21).

El sesgo crítico de nuestro análisis y afirmaciones, a diferencia de las descalificaciones de los discursos dominantes, se propone poner de manifiesto a algunos de los procesos escolares que contribuyeron a la reproducción de la sociedad, y aumentar la capacidad de reactuar sobre ellos para revertirlos. En este sentido, rechazamos la falsa antinomia optimismo / pesimismo. En lugar de ello, proponemos la crítica como condición irremplazable para imaginar y producir prácticas escolares que aporten a la emancipación de los sujetos y a la transformación de la sociedad. Situados dentro del marco general de una teoría social crítica –en el sentido más estricto y profundo del concepto– hemos apelado a autores de distintas tradiciones teóricas y de diferentes campos disciplinares intentando siempre "dialogar con la teoría", al decir de Elsie Rockwell (1985). Siempre procuramos evitar que los conceptos operaran como definiciones teórico explicativas de los fenómenos, los utilizamos para problematizar el punto de partida teóricamente definido. Resultó fundamental no restringir la indagación bibliográfica a la temática. Permanentemente estuvimos abiertos a lecturas que podían estar, en mayor o menor medida, cerca de nuestras preocupaciones.

2. El campo tiene su propia teoría

En esta investigación de neto corte cualitativo, hemos partido de las nociones de los sujetos y de los contextos de producción de sentidos. Ellas nos han permitido recrear la realidad y particularizarla a su campo de acción e influencia. Y he aquí la riqueza y ductilidad de una visión no dogmática que nos habilitó a seguir conociendo a partir de la interpretación de emergentes inesperados. Estas categorías emergentes, nuevas, no son ajenas a las categorías preconcebidas de análisis: el excesivo uso del orden y el énfasis otorgado a la razón en el aprendizaje son dos manifestaciones de la visión fragmentada y disarmónica del cosmos.

2.1. El orden escolar

Si bien existe una compleja historia de concepciones sobre el cuerpo y sus praxis desde la antigüedad hasta nuestros días, en la actualidad y como parte de una teoría crítica de la realidad social, la centralidad de la categoría de actividad física como la de cuerpo se sustentan en la necesidad de entender regularidades en las formas de dominación en las sociedades contemporáneas, en las que se despliegan múltiples y diversas prácticas sociales que reproducen formas específicas de desigualdad, poder y control.

Nos dice Barker (1984):

> Aunque sería difícil negar que en la sociedad burguesa funcionan controles externos –y con mayor intensidad cuando la crisis de estas sociedades quiebra el frágil consenso en su forma "natural", y genera creciente actividad, armada o "ideológica", de los agentes más tangibles del Estado– ello no debe ocultarnos la estrategia de dominación más profunda que nos resulta de una intervención *post hoc* desde fuera, sino de la preconstitución del sujeto en su sujeción. El sujeto

está moldeado en sí mismo, controlado desde dentro por su *self*, paralizado por luchas y angustias interiores, erosionado por la pérdida del propio cuerpo, con el cual está siempre en contacto, pero cuya insistente memoria de un límite material de la sujeción, que el cuerpo por sí mismo no puede precisar, debe no obstante acallar constantemente.

Entonces, para entender el substrato de determinadas decisiones y acciones que inhiben la actividad física y el movimiento relacionado con el orden y la racionalidad, es necesario hacer algunas reflexiones sobre la contingencia y las soluciones para su conjuro. La antropología filosófica nos permite decir que la incertidumbre y la contingencia son condiciones esenciales de la vida, cuestión que se aprecia agudamente al recordar las calamidades del pasado e imaginar desastres en el futuro. Las sociedades primitivas, para alejar la angustia de la incertidumbre, utilizaban rituales por medio de los cuales dialogaban con los dioses y las fuerzas invisibles de la naturaleza. La sociedad industrial occidental, en cambio, optó por actitudes asertivas: eliminar la incertidumbre por medio de la conquista y control de la naturaleza.[88] En el ámbito social, el dominio se logra a través de las instituciones que norman nuestra cultura.

Para nuestro trabajo, nos interesa resaltar el lado oscuro de la disciplina. Es decir, nos interesa resaltar aquellas

---

[88] Para ampliar, citamos un párrafo muy elocuente de la novela *Ishmael*, de Daniel Quinn (Nueva York, Bantam, 1992): "Sólo una cosa puede salvarnos. Tenemos que incrementar nuestro dominio del mundo. Todo el daño se ha producido a causa de nuestra conquista del mundo, pero tenemos que proseguir hasta que nuestro dominio sea absoluto. Entonces, cuando tengamos el control absoluto, todo será maravilloso. Dispondremos de energía por fusión. No tendremos contaminación. Dispondremos de lluvia según nuestras necesidades. Haremos crecer montones de trigo en un centímetro cuadrado. Convertiremos los océanos en granjas. Controlaremos el tiempo atmosférico: se acabarán los huracanes, los tornados, las heladas imprevistas, las sequías, [...] todos los procesos vitales del planeta estarán donde deben estar: en nuestras manos, donde los dioses quisieron que estuvieran".

cuestiones que se motivan por el control y el ejercicio del poder disciplinario que afecta la libertad de movimiento, de las expresiones motrices, del espíritu y por ende de la persona. Para ello, haremos un paneo en tres rubros centrales que cobran vida en nuestras instituciones para fabricar a los individuos que la habitan: las normas, el disciplinamiento y el miedo al desorden.

2.1.1. Las normas

La problemática de la disciplina en esta escuela nos remite a reglas y a un sistema de principios que permitan orientar y sujetar las acciones de los alumnos. Un niño sano desde el punto de vista escolar es aquel que rige sus acciones conforme al código de conducta establecido por la cultura de la escuela. Es aquel que no tiene problemas para insertarse en un ambiente porque ha interpretado las reglas explícitas e implícitas y actúa en función de ellas.

En primer lugar, tenemos que hay un código, pero este código no necesariamente es explícito, no necesariamente es el reglamento oficial. El código es el sistema normativo que demanda cierto orden o determinadas formas de comportarse. Está inscripto en los distintos espacios donde nos movemos, es más, está mucho antes de llegar a ellos. El niño que recién ingresa a la escuela, por ejemplo, entra en un mundo de convenciones culturales ya predeterminadas, por lo que necesita interpretar activamente la gramática de esta cultura, sus reglas para orientarse y sobrevivir en la escuela. Su cuerpo, sus movimientos, la gestualidad, los ritmos con que desarrolla su actividad diaria, tienden a desenvolverse en un espacio que le está condicionando y determinando, y su éxito o fracaso dependen de su habilidad para metamorfosearse a partir de las exigencias más prioritarias de estos lugares.

En segundo lugar, este código (o, podríamos decir, la norma de salud escolar o la norma moral de estos ambientes) se define por el papel de exigencia y coerción que es capaz de ejercer. Es decir, la norma es aquella que es capaz de definir un campo de regularidad, una especie de dispositivo que somete a cada individuo a cambiar a partir del otro, para ser igual que el otro, semejante entre sus semejantes. Ello implica desplazar las singularidades, pulverizar las diferencias y asemejarse a los demás. Se establece, por lo tanto, el mundo de lo normal, el mundo de lo aceptable.

En tercer lugar, tenemos que la norma es histórica. Si lo normal se define por el papel de exigencia y coerción que es capaz de ejercer, por su poder de regular a todos y cada uno, es entonces un poder nuevo cuya fecha de nacimiento Foucault la remite a doscientos años, lo que algunos llaman el inicio de la era de la Modernidad, de la que hoy somos herederos. Norbert Elias, un sociólogo contemporáneo que realiza investigaciones sobre las variaciones de regulación y los grados de coerción de las reglas de la sociedad cortesana en la época del Medioevo hasta nuestros días, afirma que los rituales cotidianos que se establecían entonces no tenían como fin la regulación sistemática de cada una de las partes y movimientos del cuerpo, ni se planteaban un grado de coerción máxima como los actuales. Sus finalidades no se fincaban en normalizar a la sociedad. Por ejemplo, a la hora de comer, las reglas eran más flexibles, distintas a las de ahora. Compartir la misma copa, realizar ruidos con la boca al masticar, eructar y escupir frente a todos, era lo aceptable, se veía natural. El control de cada una de las acciones no se ejercía como ahora.

En cuarto lugar, en la época moderna la norma trae aparejado en este campo de regularidad un principio de calificación. Es decir, a cada individuo se le va a calibrar sin descanso para saber si se ajusta a la regla, a la norma de salud y a la moral de la escuela, en nuestro caso. El buen alumno, el inteligente, el normal, o bien sus opuestos, el mal alumno, el "burro", el indisciplinado o el "chico problema" son categorías que traen adheridos elementos dicotómicos de moralidad: bueno / malo, controlado / carente de control, disciplinado / impulsivo, etc. Entonces, si la norma demanda regularidad, determina un campo de comparación y de diferenciación, de inclusión y exclusión clasificatoria. La norma adicionalmente apareja un principio de corrección, está ligada a una técnica positiva de intervención y transformación, a una especie de proyecto "socializador" normativo. Es decir, la norma se obsesiona por curar, por "educar", por homogeneizar, por regular a todos; por lo que a partir de esta obsesión, se legitima cierto ejercicio de poder, el cual, visto en un sentido *foucaultiano*, se entiende como la serie de acciones que se realizan para afectar las acciones de los otros. El poder implica, entonces, el establecimiento de un campo de posibilidades de acción para los demás, para que los otros se muevan en función de lo que el poder se plantea como correcto, bueno, válido, normal, es decir: qué se puede y qué no se puede hacer. En blanco sobre negro: límites y posibilidades.

En el campo lo leemos:

Todos visten guardapolvos, a algunos les queda grande y son nuevos. Es de resaltar que la temperatura es alta (son 13:15 hs), sin embargo, los niños parecen no sufrir los efectos de la temperatura a pesar de que tienen cubiertas las mangas y los delantales son cerrados al cuello... (Observación de campo).

Tras la pregunta sobre cuándo los niños se sientes más cómodos, dice una maestra:

... los días que tienen gimnasia pueden venir sin guardapolvos... los chicos se ven más sueltos..., más libres,... parecería que son distintos... (informante S. S.).

La norma institucional no escrita obliga al uso del guardapolvo y el delantal, que igualan lo que no es igual, y no guardan en el polvo a las prendas interiores, solo *guardan* la norma escolar e inhiben la actividad física.

...pero si no lo usan siempre, lo sacan (el guardapolvo) *en el momento que van a plásticas, porque pintan con acuarela para que no se ensucien... bueno.* (Informante M. D.).

A la pregunta: ¿les gusta venir sin guardapolvo? Responden los niños: siiii, unívocamente. ¿Qué dice mamá? Responden: mejor así no se ensucian... (Observación)

...las mamás protestan si vuelven con los guardapolvos sucios o rotos...

M: *Claro... claro... pero lo que pasa es que la témpera y todo eso para limpiarlo las madres protestan que no sale.*

...aquí por lo menos... o sea la Dirección... sí, no se quiere que vengan sin guardapolvo... (Informante G.).

Es una cuestión de uniformidad (informante E. C.).

...acá vienen todos con guardapolvos, pero los días que tienen Educación Física, ya vienen con su equipo y listo. (Informante M. J.).

El guardapolvo, ya desde su génesis, es un elemento inmovilizante, se viste por encima de otras prendas, conformando una armadura que no facilita movimientos libres, pero también el color y la textura de la tela, así como su diseño, inhiben las ganas de moverse. El blanco es un color delator de la suciedad. Mantenerlo pulcro significa no contactarse con el entorno y con los demás (manoseos, toqueteos, jugar en el piso, etc.). La tela usada no elástica y el diseño de su confección exquisito (botones, ojales, bolsillos, martingalas, cinturones, moños, primorosos cuellos, etc.) no facilitan precisamente el movimiento corporal.

Dice otra maestra: *...los niños se sienten más a gusto cuando vienen sin guardapolvos.*

La normativa no solo marca la disposición del mobiliario, sino también la de los sujetos. Cada alumno tendrá su lugar determinado.

Los dos bancos más adelantados del aula están ocupados por dos niños que "tienen problemas de aprendizaje" (observación).
Adelante irán los que escriban más lento. Por hoy se quedan donde están. ¡Veremos quién va adelante el lunes! (observación).
Los niños se ubican alrededor de mesitas en número de cinco, el espacio libre da al frente. (Observación).

Las aulas, los salones y su mobiliario también "hablan" por sí solos, pueden trastocar un hábito: pueden incrementar la imaginación y las ansias de libertad, pero también pueden "aquietar" e inhibir la natural espontaneidad. De idéntica manera que las personas deben sentarse para manejar una computadora o tocar piano, porque la posición del cuerpo es parte del patrón de aprendizaje o trabajo, como incrementa un lápiz en la mano la forma de pensar. Los espacios amplios, los colores vivos, la ausencia de mobiliario, sogas colgando, barras o elementos como pelotas o aros estimulan los naturales impulsos motores.

El aula es una habitación amplia y rectangular, iluminada por tres ventanas practicadas en la pared norte y aireada por la corriente que se forma a través de la puerta en la pared sur. Las paredes están pintadas de verde claro, la parte inferior, lavable. Dos pizarras, seis mesas con sus sillas y un escritorio es todo lo que hay por mobiliario. Un ventilador de techo y un calefactor amortiguan los extremos rigores del clima. (Dato del campo).

Así se corporizan habilidades, destrezas, imágenes, sentimientos, reglas, valores, en definitiva, normas que se inscriben como "disposiciones duraderas". Estar sentado en un aula mientras un maestro da clase; estar parado, quieto, en posición firme, en silencio y con aire de seriedad durante un acto de conmemoración festivo –día de la independencia– y sentirse "preso" ejemplifica la aprehensión corporal de sentimientos.

...yo no pretendo que los chicos estén rígidos, sentados y no se muevan, porque si vos atendés a la edad cronológica que están atravesando... los chicos son puro movimiento... (Informante M. D.).

M: Yo no sé, a mí no me tienen miedo los chicos... no quiero tampoco que me tengan miedo, pero no, con la mirada no hago nada... hablo y hablo, repito las cosas para que se ajusten a lo que uno quiere... pedir silencio... no es que de pronto entro yo y tienen que estar paralizados o quietos porque entre yo... al contrario... tampoco me gustaría que fuese así, no pretendo una disciplina rígida... y todo eso... (Informante E. C.).

Por lo tanto, los chicos se mueven, es decir que les permito que se levanten dentro de un orden, ¿no es cierto?... que no sea un total descontrol... (Informante M. D.).

Así, lentamente, día tras día el cuerpo experimenta desubicaciones en lugares y momentos, aprendiendo normas y reglas que rara vez se explicitan, pero se corporizan.

El espacio físico curricular norma los espacios de la institución, establece dónde se juega (patio, afuera) y dónde se aprende (escuela, aula), dónde se puede correr y dónde se debe caminar.

A la pregunta de por qué los niños corren en el patio, es opinión mayoritaria que lo hacen por una necesidad de movimiento, para canalizar su energía y porque tienen más espacio. Solo una menciona "porque pueden", posiblemente asociada su idea a la opinión del resto. (Dato del campo).

Por lo tanto, la organización de tiempos y espacios impone modelos que no respetan el natural accionar. La escuela es un espacio no solo para aprender los conocimientos racionales, también prepara a los niños para aceptar las reglas de la vida laboral. La campana pauta los tiempos de trabajo y descanso cual "factoría", y los niños deben "trabajar".

...suena nuevamente la campana. Lentamente se ordenan en filas, una a continuación de otra en el patio central... (Observación, dato del campo).

Los docentes de común denominan trabajo a las actividades de aprendizaje de los niños. Interrogados al respecto, aluden a una acepción emparentada con la elaboración y el desarrollo o construcción del conocimiento. Esto estrecha la similitud con las fábricas. Se trabaja en clases, dentro del salón, no en el recreo, en el patio.

Cuando yo les pido trabajar que usen la creatividad (informante H. A.).

...después obviamente se hizo el partido, pero estuvieron trabajando ellos en esa actividad y... (Informante H. A.).

Muchos docentes insisten en la importancia del juego, en incluir más juegos, en que el tiempo no alcanza para jugar, pero contradictoriamente, cuando hacen referencia a las actividades áulicas, insisten en "trabajar".

Para ingresar al aula, para salir de la escuela, para conmemorar en el salón de actos o para festejar en el patio de baldosas se realiza algún tipo de formación, generalmente de similitud con las militares. (Datos del campo).

Respecto a la pregunta: ¿para qué se producen las formaciones en la escuela? La mayoría opina que son para ordenar, para mayor organización y control y para crear hábitos. Algunas mencionan que son por costumbre, protocolares y otras que son parte del mito escolar. También es opinión generalizada que esas filas o hileras se efectúan para evitar la dispersión de la atención y para una mayor organización y control y que por lo tanto son necesarias.

Si se les pregunta sobre la formación de la fila para ingresar al aula, la mayoría responde que no es importante y que solo es en la primera hora. (Datos del campo).

2.1.2. El disciplinamiento

El disciplinamiento son las acciones encaminadas a hacer que los demás actúen en función de un orden establecido y deseable. Pero como la libertad es incorregible, se legitima el ejercicio del poder. En este caso, en la escuela, el de los maestros sobre el de los estudiantes; también lo vemos en los hospitales, el de los médicos sobre los pacientes, en la familia, los padres sobre los hijos, etc. El disciplinamiento es versátil. No se puede decir que el poder disciplinario se ejerce de la misma manera. Cada lugar, cada institución como la familia, el hospital, las cárceles, los cuarteles y también la escuela, tiene modalidades propias para disciplinar o normalizar. El poder disciplinario es rico en invención, es polimorfo. No es monótono ni se aparece igual en todos los lugares. Esto remite a analizar el mundo de los detalles cotidianos; la manera en que se definen las relaciones implica un modo específico en que se ejerce el poder, aun en los lugares donde aparentemente no existe.

M: Yo no sé, a mí no me tienen miedo los chicos... no quiero tampoco que me tengan miedo, pero no, con la mirada no hago nada... hablo y hablo, repito las cosas para que se ajusten a lo que uno quiere... pedir silencio... no es que de pronto entro yo y tienen que estar paralizados o quietos porque entre yo... al contrario... tampoco me gustaría que fuese así, no pretendo una disciplina rígida... y todo eso... (Informante M. D.).

Las técnicas para afectar y regular a los demás, es decir, para organizar acciones susceptibles de dar en el blanco al que van dirigidas, remiten a necesarias tecnologías. Y no me refiero con ello a las tecnologías de producción económica, sino a las tecnologías de poder que buscan determinar la conducta de los demás.

Más que analizar lo que la maestra trata de enseñar a través del contenido del texto, se trata de ver cómo este ejercicio, en su singularidad, busca afectar el cuerpo y el alma de los niños a través del fortalecimiento de sus voluntades, del endurecimiento de sus caracteres y del autodominio de la sensibilidad, transformando a esta en una sensibilidad de medida, regulada desde el orden de la norma y la fuerza del deber. Es decir, no se trata de un autodominio orientado por criterios libres de elección, por criterios estilísticos donde cada uno busca el control de sí y su transformación a partir de principios que ha venido eligiendo libremente y que considera valiosos para su formación como persona. En cambio, estos ejercicios de endurecimiento parten de una premisa básica, el ejercicio de la coerción, que exige la regularidad, la homogeneidad y la eliminación de particularidades. Los placeres y goces espontáneos, de entre los cuales el gusto por el movimiento espontáneo no está excluido, son arrasados por fuerza en estos ejercicios de endurecimiento. Si una de estas mentes se dispersa de este orden, la amonestación viene dada de inmediato. Amonestaciones, descalificaciones que marginan, que etiquetan, que aluden a "pequeñas perversidades", son aquellas categorías con que se definen a los alumnos que no han podido entrar en los parámetros de normalidad que se exigen.

La "teoría disciplinar" descripta más arriba la muestra el campo:

La maestra observa a un grupo y le llama la atención a un niño amenazándolo con sacarlo del aula o dejarlo en último lugar para salir. (Dato del campo).

Ante el reclamo de sus compañeros, la señorita dice: Ya sabrá la nota que tendrá después. (Dato del campo).

Adelante irán los que escriban más lento. Por hoy se quedan donde están. ¡Veremos quién va adelante el lunes! (Dato del campo).

En su análisis de las sociedades disciplinarias, Foucault explica cómo los cuerpos están y funcionan bajo condiciones situadas en determinados usos de tiempo y espacio, de forma tal que los cuerpos ni se entrenan, ni se capacitan: se constituyen como cuerpos disciplinados.

...a medida que los niños llegan, entran al aula y se acercan a sus lugares donde dejan sus mochilas, tranquilos charlan entre ellos, de pronto suena la campana, la maestra ordena salir a "formar fila", para luego hacerlos ingresar al aula... (Dato del campo).

"La disciplina recompensa por el único juego de los ascensos, permitiendo ganar rangos y puestos; castiga haciendo retroceder y degradando" (Foucault, 1976). Pero también, en la escuela al igual que otras instituciones totales, cuando castiga, "aquieta", inmoviliza. En las estructuras militares se castiga con "plantones", calabozo o "estaqueo"; en las cárceles, con confinamiento en celdas de reducidas dimensiones; en las instituciones para menores, los "pegan" en las camas; y en la escuela, la perversidad asume el papel de "florero" o "plantón", o privan a los niños de salir al patio... a jugar y moverse.

¡El que se porta mal, sale último al recreo!

¡Sigan así y se van a ir afuera de plantón! (dato del campo).

Las prácticas sociales están dotadas de significado para los sujetos involucrados de una u otra manera en ellas. Este significado es parte de las condiciones simbólicas de su realización. En la mayoría de las situaciones que se viven cotidianamente, no son las reflexiones ni las racionalizaciones las que permiten que los alumnos y maestros interpreten en forma inmediata y actúen de manera "adecuada". Es el sujeto / niño / cuerpo el que actúa dado que en su cuerpo están impresas disposiciones, esquemas y matrices.

...todos somos grandecitos, todos tenemos que saber que saludamos a la bandera... (Informante M. D.).

El temor existente entre los docentes de ser culpabilizados y castigados por negligencia exagera el resguardo del orden y extrema el celo por el control.

...es decir, después hay que hacer las cosas mirando, vos estás en un lugar y sabés que te pasó de tal forma, no es cierto, entonces tenés para cubrirte vos como docente, que estabas en el lugar que pasó, de tal manera y que puede pasar a vos madre o papá, te puede pasar lo mismo, que se golpee, pero vos estás como docente, entonces hasta ahora no tuvimos ningún problema. (Informante E. C.).

...Porque tenemos miedo que se caigan y que se hagan mal precisamente de ahí... si se caen, se hacen mal...

E: Y tu temor viene porque vos realmente creés que se pueden hacer mal y vos temés por la integridad de ellos o por cómo pueden reaccionar los padres...

M: Y viste. Algunos reaccionan bien y otros como diciendo que no los cuidamos... te das cuenta... o sea a lo mejor si el docente está ahí, bueno, está el docente mirándolo y si no que hacia el docente que no los miraba... un poco como que la dirección te dice el docente tiene que estar mirando los chicos en el patio... si pasa algo, el docente está.

... y vos por ahí si lo hacés mover mucho, va a decir pero dónde estuviste, vos no estuviste en una escuela, o sea que hay un montón de cosas que vienen en viste, frenando el movimiento y todo eso...

El orden en la institución-escuela asentado sobre un paradigma patriarcal va de la mano de valores asertivos –competición, expansión, dominación, etc.– generalmente asociados a los hombres. Este ordenamiento favorece y fomenta la libertad en los varones, siempre por esto más activos, y deprime o por lo menos no estimula en la misma medida a las mujeres, por esto quizá menos activas y movedizas.

E: ¿y las nenas?

D: no, las nenas, no te creas que se quedan lerdas, por ahí juegan con los varones también ¡eh! (Informante E. C.).

Y en el primer ciclo muchas veces depende del elemento, por ejemplo, a las nenas les das una pelota y se cohíben, como si la pelota fuese única y exclusivamente del varón,... (Informante H. A.).

Pasa quizás por la... por ahí puede pasar por la casa también porque yo te puedo decir... y te hablo de un caso que tengo en el secundario, sí, yo doy en una escuela técnica a varones expresamente, pero tengo en el curso, en los dos cursos, yo doy en octavo y noveno, una nena, una en octavo y una en noveno, el deporte practicado y... la nena se siente mal, la chica, no porque sea inferior a muchos varones, porque si uno entra a compararlos entre esta nena y cuatro o cinco varones estoy en la misma, pero no se inserta en el deporte, muchas veces el varón no le deja, sí, muchas veces yo juego y les demuestro al resto de los varones que ella puede jugar, sí, yo no voy a pretender que una nena me salga jugando como Maradona, pero que me puede patear una pelota me la puede patear, bien o mal, eso al margen, porque le puedo patear mal yo sino... (Informante H. A.).

Y un poco de diferencia hay, viste, el varón por ahí es mucho más activo, es más inquieto que la nena, en los juegos, cuando lo vemos en juego, por ejemplo en los juegos de persecución, la nena va a perseguir nenas, el varón no, el varón trata de atrapar al que pueda, sea nena, sea varón, a él no le importa, a la nena no, la nena por ahí persigue más a la nena o agarra más a la nena que al varón. (Informante H. A.).

De manera tal que las posturas, desplazamientos, gestos, movimientos de segmentos corporales reactúan un pasado social inscripto en los individuos. Así, los sistemas de creencias, formas y reglas no existen solo y no se manifiestan en su totalidad en los distintos discursos, sino que además están "encarnados", son corporización en las disposiciones del cuerpo a percibir, sentir, pensar, actuar, *experimentar* la realidad de una manera determinada.

...y digo, demasiado buenos son los chicos, me decían los otros días, porque te aguantan las cuatro horas ahí sentados... (Informante M. D.).

"Lo que se aprende en el cuerpo no es algo que se posee como un saber que uno puede mantener delante de sí, sino algo que se es" (Bourdieu, 1991).

2.1.3. El miedo al desorden

¿Qué pasa con aquellos sujetos que no pueden ser domesticados, sometidos, corregidos, en una palabra, disciplinados? ¿Qué pasa con aquellos individuos que están en el campo de la anomalía: el alumno "revoltoso" que si no es calificado de "peligroso", lo es cuanto menos de "insoportable", que le hace la vida imposible a los docentes y directivos? ¿Por qué el miedo a este tipo de chicos? ¿Por qué el miedo al desorden? ¿Por qué el miedo al "movimiento"?

Primero, estos chicos no existirían de no existir la normalización. La norma calibra a los individuos y los clasifica entre los que se acercan a la regla y los que se distancian. El "buen" alumno es el que se ha adaptado a la norma y no solo la sigue, sino que además, al internalizarla, se convierte en su custodio. Es el que permanece siempre sentado en su banco. Pero el que se distancia de la norma, el que está cerca pero no dentro del campo de la normal, el "inquieto", es el individuo incorregible, futuro transgresor, delincuente, futuro detractor.

Segundo, la problematización de este personaje está dada por el saber pedagógico y psicológico. Estos saberes se interrogan por los modos específicos del comportamiento, invaden y ponen nombre a los diferentes desórdenes en la escuela, y al tiempo, si no son "corregidos", llevarán a otros campos de la vida social sus tendencias anómalas, convirtiéndose en el delincuente que se conoce comúnmente, el "homosexual", el "drogadicto", el susceptible de suicidio, el "disidente", el "agitador", etc. Por ello, estos saberes analizan no tanto la incapacidad de la conciencia, sino más bien los focos de peligro en el comportamiento que si no se corrigen a tiempo, la distancia entre la norma y la acción de estos individuos cada día se espera más grande.

Tercero, la ruptura y la trasgresión con la norma en los reportes disciplinarios generalmente no se orientan tanto por el análisis de la infracción o el delito que cometió el alumno, sino por el estudio de la conducta, de la manera de ser, de los antecedentes familiares, del pasado. Se buscan las causas, pero para encontrar las razones de esta transgresión. Se remite a lo intrafamiliar, pero para mostrar cómo este sujeto se parecía ya a su delito antes de haberlo cometido. La "falta de cariño" de los padres, hijo de padres divorciados, abuso infantil, etc., son causas que se traen a colación para darle racionalidad al delito cometido. Es un rastreo del pasado, pero para encontrar las razones a la trasgresión, pues el niño carga en sí mismo la predisposición a actuar de esta manera anómala según las maneras de ser y sus características biográficas. Se organiza alrededor de este peligro social un discurso del miedo. El miedo a que estas pequeñas anomalías escolares se desarrollen a tal grado que impliquen un peligro social. Un discurso conservador y moralizante que solicita maximizar el poder en cada una de las instituciones sociales: la familia, la iglesia y, por supuesto, la escuela para prevenir el desorden.

Un dato de la realidad más que elocuente es la perplejidad del portero de un edificio de propiedad horizontal al ver a alguien optar por subir por las escaleras y no por el ascensor como "se debe hacer".

Las maneras adecuadas de aprender, además de orden y racionalidad, comportan inmovilidad y silencio, confunden seriedad con adustez y destierran casi por completo las manifestaciones de la espontaneidad: la alegría y la risa. Con ello, la tarea de aprender carece de la fuerza vital del sentimiento.

En general, se sostiene que solo se presta atención y se aprende permaneciendo en silencio y quieto (dato del campo).

¿Por qué estás parado? ¡No es para reírse! ¡Calladitos!

Y también ordena los ritmos biológicos, aun cuando los docentes tienen presente que no siempre se pueden controlar.

...pueden salir al recreo. Vayan al baño y tomen agua... (dato del campo).

Acciones naturales y vitales como beber agua u orinar son consideradas interferencias para el aprendizaje, de esta manera, se "encarna" el proceso de disciplinamiento a través del menoscabo de la sensibilidad a sensaciones corporales. De la misma forma, se van "adormeciendo" los atávicos e inherentes impulsos motores.

...y tenés que los chicos te quieren ir al baño, que los chicos quieren ir a tomar agua, que me cansé, que no quiero seguir, que vengo un poco más tarde... (Informante H. A.).

Y coincidiendo con Marx, al transformar a la naturaleza, el hombre se transforma a sí mismo. El hombre es la autoproducción del hombre como naturaleza humanizada. El cuerpo humano, sus gestos, su motricidad, su modo de expresión es parte de la sociedad y de la historia. De este modo, y a favor del orden mecánico en pos de la eficiencia y de la utilidad, se trata de ejercer control sobre la embrionaria, anárquica y viciosa necesidad de satisfacer los impulsos motores.

E: ¿Qué pasa con los chicos cuando llega la hora de Educación Física?

M: Se enloquecen porque les gusta... los tengo que hacer callar porque se levantan, entonces el entusiasmo es bárbaro.

Una de las técnicas disciplinarias analizadas en esta investigación es lo que llamamos "las técnicas de endurecimiento" operadas en la escuela primaria. Se trata de aquellos ejercicios de disciplinamiento que los maestros realizan desde los primeros días de llegada del niño a la escuela para controlar la atención, la concentración del pensamiento y del cuerpo del niño: una especie de gimnasia intensa del cuerpo y la mente. Se precisa en estos ejercicios cierta regularidad, simultaneidad y simetría de las acciones. Por ejemplo:

... y ves que los chicos no te atienden, y bueno, yo les hago por ejemplo hacer este ehhh, en el día, al comenzar el día tres respiraciones, profundas, digo y cerrar los ojos, sentarse tranquilos, y después les digo que piensen y reflexionen para que están aquí en el aula, no es cierto, entonces, bueno, te dicen un montón de cosas después y vos lográs que trabajen todo el día tranquilos... (informante M. D.).

El miedo al desorden se manifiesta en el permanente control:

...hay mayor control de los chicos, te digo, en los baños, en todo, viste, no hay problema que los más grandes estén en los bancos donde están los más chiquitos, controlan, son mejor, el grupo es menor y los podés controlar más, y tienen más espacio para todo, más espacio también... (Informante M. D.).

... yo lo que les pido (a los docentes) *es que siempre los controlen* (a los niños) (Informante M. D.).

Se reprimen permanentemente las ganas de moverse, cotidianamente se inhibe la espontaneidad, se minimiza siempre y de la misma manera el juego, y así, en lugar de liberar, se "moldea". Es la fuerza con que se inscribe el arbitrio escolar dominante del orden escolar, que sucede casi enteramente a través de acciones laterales que ningún currículo escrito menciona, pero que todos practican mientras se enseña lo importante. Parafraseando a Bourdieu (1991), la trampa consiste en que arrebata lo esencial aparentando que exige lo insignificante, como el respeto a las formas.

Todos estos conocimientos, formas o modos de hacer las cosas, de disciplinar, ordenar, alienar, en definitiva, de fragmentar son metacontenidos que no forman parte, insistimos, del currículo; son conocimientos sustentados por creencias, principios y concepciones que el docente fue adquiriendo a lo largo de su historia personal, tras tediosos años de educación formal, como alumno y luego como docente.

2.2. El aprendizaje racional

El organigrama semanal, planificación espacio-temporal que se desprende de la currícula de los Contenidos Básicos Comunes de la Enseñanza General Básica, distribuye y racionaliza los aprendizajes.[89]

¿...Lo que los alumnos aprenden? Están organizados por áreas: las áreas ya vienen determinadas por el Ministerio a través de las reseñas curriculares jurisdiccionales y nacionales... Después los docentes tenemos a cargo la organización, la planificación de las disciplinas... (Informante M. G.).

La cronología institucional controla la actividad con sus tres grandes procedimientos: establece ritmos, obliga ocupaciones determinadas y regula los ciclos de repetición. Establece horarios de entrada y de salida. Dice cuándo es tiempo de aprender y cuándo es tiempo de recreo. Dice cuánto tiempo hay para aprender Lengua, Matemática, Tecnología, Ciencias Sociales, Educación Física, etc. y jerarquiza así los conocimientos, ya que la distribución del tiempo de enseñanza indica que se consideran más importantes las áreas de Lengua y Matemáticas, que las áreas de

---

[89] Dato del trabajo de campo.

Ciencias Sociales, y estas, a su vez, que las asignaturas de Actividades Plásticas y Motoras.

El 84% del tiempo es destinado a aprender lengua, matemática, ciencias sociales y naturales, solo el 16% es señalado para la transmisión de conocimientos no relacionados a cosas prácticas, técnicas y funcionales, como música, plástica y actividad física no relacionada al rendimiento.

Y también los docentes, y no quizá porque no tengan una postura acrítica como lo expresa Freire, replican la norma.

...a mí me parece que quizás de acuerdo a lo que yo pienso... matemáticas sería la más importante para mí, no sé, todo de allí se desprende... (Informante E.C.).

Y los padres insisten en la instrucción racional y utilitaria.

Los padres piden eso y piden también, bueno, un poco entrar en la moda de la computación, de la tecnología. (Informante M. B.).

Los docentes insisten en la importancia del juego, pero contradictoriamente, cuando hacen referencia a las actividades de aprendizaje de los niños, dicen "trabajar". Cabe recordar que en estas edades no existe distinción entre períodos exclusivos de actividad de juego y actividad de trabajo, sino solo de acento.

La campana, remedo del silbato de la "manufactura", marca los tiempos destinados a la "producción" del aprendizaje racional, y de recreo / descanso aun cuando la mayoría de los docentes manifiestan que los tiempos se pautan según ritmos de los niños. "En la gran manufactura todo se hace a toque de campana, los obreros son obligados y reprendidos" (Foucault, 1987: 179). Es el contenido implícito en el proceso escolar el que define un tipo de trabajo distinto al que los niños conocen en la vida doméstica, ya que no se relaciona con las necesidades cotidianas del niño. El trabajo escolar se asemeja al de los obreros y empleados.

Así, los niveles sucesivos del sistema escolar se sustentan en relaciones jerárquicas entre quienes "saben" y quienes "no saben". Por eso, algunos aspectos de la formación implícita en la escuela tienen características del trabajo industrial; la formalización, la importancia de cumplir con las tareas, la desarticulación entre una y otra y la necesidad de trabajar sin tratar de comprender el sentido global del conocimiento transmitido[90] se asemejan a aspectos del proceso de trabajo en la producción capitalista del país.

Algunos niños alertan a la maestra sobre el tañido de la campana, que pareció no escucharla. La maestra responde: ¡Esto es más importante! (Observación).

... solamente para el recreo largo hay una campana para todos porque se les da la merienda... (Informante E. C.).

... cada maestra los saca en el momento que lo cree conveniente... cuando están cansados... que piden para ir al baño... entonces en ese momento salimos... (Informante M. J.).

Los recreos no son concebidos para que el niño juegue, sino más bien como un espacio de dispersión, a modo de pausa biológica, para luego estudiar con mayor eficacia (con mayor orden y disciplina) lo que se "debe" aprender. Quizá podamos encontrar aquí alguna relación con el par trabajo-ocio de los romanos. Cicerón (106-43 a. C.) se refería al recreo como *otium,* indicando con ello un tiempo de descanso del cuerpo y recreación del espíritu, necesario para dedicarse, tras la recuperación, de nuevo al trabajo.

...pueden salir al recreo. Vayan al baño y tomen agua... (Dato del campo).

...claro, o sea, es un descanso, un ratito, y es como que se renuevan, juegan, corren y luego están como para seguir... (Informante G.).

---

[90] Estas características de la socialización para el trabajo fueron señaladas por Ruth Paradise (1979).

El recreo es una especie de "tierra de nadie" (no está destinado al aprendizaje) no siempre libre de pautas y restricciones (las maestras "cuidan" o "vigilan").

...un poco como que la dirección te dice: el docente tiene que estar mirando los chicos en el patio... (Informante M. J.).

Nos quedamos en los recreos mirando, no es que vamos a jugar, yo por lo menos no... Pero sí nos quedamos mirando, o sea, porque por ahí puede pasar que corren y se caen, por precaución, digamos que nos quedamos mirando... (Informante M.).

...Y estamos mirando si juegan o no juegan en forma bruta... (Informante E.).

El recreo no es considerado como un espacio para aprender, pero tampoco un espacio de libertad, donde se puede jugar. "Todo juego es primeramente y por encima de todo una acción libre", decía Huizinga. En los recreos se pueden jugar solo "juegos escolares".

...generalmente están en grupitos... hacen juegos... a veces una mancha... a veces juegan juntos... no siempre... casi siempre juegan a la tocada...

...les gusta por ejemplo caminar arriba de los tapiales... hay que retarlos porque eso les encanta... porque tenemos miedo que se caigan y que se hagan mal... (Informante E. C.).

Pero es conveniente que los niños no "jueguen", ni mucho menos jueguen con la pelota.

¡No! ¡No! ¡De pelota no! ¡En los recreos no!

Una pelotita de tenis, la traen ellos, sí, por ahí la escuela es como que no permite las pelotas (Informante M. G.).

...y se las traen, pero viste..., nosotros como realmente cuidamos,... como pintamos toda la escuela, tirar los pelotazos no nos gusta, o rompen vidrio a lo loco... (M. D.).

Porque el juego, a menudo aliado con las posibilidades transgresoras de la imaginación, permite la creación de alternativas diferentes al "orden establecido". Y aquí el fanatismo racional se refuerza con el orden establecido para mantener las creencias que requieren ser servidas, pero una vez más, no centran su atención en la persona.

Y los chicos por ahí buscan treparse a los árboles...

Sí, dentro de los parámetros normales, que no se atropellen como locos...

...o se te suben arriba de los árboles también... (Informante A. S.).

La inferencia es clara, se cuida el orden o lo que representa el orden, que es la institución, no los niños. Esto nos permite pensar en las "instituciones totales" creadas con el fin de normatizar. Las cárceles, por ejemplo, están destinadas a resocializar a los sujetos, pero en realidad, lo que hacen es cuidar a la sociedad de estos "anormales". Retomando lo que dice nuestro informante, que tiene que ver con la diferencia entre estar preocupada por la institución (paredes, vidrios, etc.) o por lo que diga la madre si el niño se lastima, y no por la salud o bienestar o aprendizaje del niño, en este sentido, lo institucional, lo normativo se mantiene siempre por encima de a quién supuestamente sirve.

Una obligación insoslayable de la educación es la de brindar las medidas necesarias para el goce del ocio recreativo, no solo en beneficio inmediato de la salud, sino aun más, si es posible, por su efecto perenne sobre los hábitos del espíritu.

El juego es considerado como actividad no seria, de distracción o de diversión, llega a confundirse con lo que es inauténtico en la existencia humana y no considerado ni útil ni válido. "La interacción entre naturaleza y cultura, por un lado, y entre lo simbólico y lo social, por el otro, como concreciones específicas de la actividad humana, se ejemplifica de manera sumamente conveniente en el juego, el cual por lo demás, tendría que constituir uno de los aspectos más importantes de la praxis pedagógica".[91]

A la pregunta sobre cuándo perciben a los chicos más felices, responden:

Cuando tienen que jugar, es una pregunta constante: ¿cuándo jugamos? (Informante H. A.).

¿Cuándo sienten que los chicos están más a gusto?

...cuando cada situación de aprendizaje es una situación de juego... (Informante M. B.).

Se vincula lo intelectual con el quijotismo, mientras que el accionar corporal lo relacionan con la satisfacción de las necesidades primarias.

Bueno... yo no pretendo que los chicos estén rígidos, sentados y no se muevan, porque si vos atendés a la edad cronológica que están atravesando... los chicos son puro movimiento. (Informante E. C.).

...llega un momento en que el chico está muy perturbado, que a veces está muy metido en la clase y hay que cortar a veces en la clase o algo por el estilo, y hacer que el chico tenga la posibilidad de moverse, de cambiar de posición, de qué sé yo, hacer algo para que el chico descargue eso... (Informante M. D.).

Los Contenidos Básicos Comunes que se deben aprender, distribuidos y reticulados (fragmentados y reducidos) en materias curriculares, son los saberes y las artes milenarias que han dado forma a nuestro pensamiento "occidental". Todos ellos, más relacionados a la ciencia que a la sabiduría, más cercanos al experimento que a la experiencia, pareciera que tienen que ver más con la razón que con el corazón. Campos temáticos relacionados con varias corrientes culturales de Occidente (Revolución científica, Siglo de las Luces, Revolución industrial), quizá muy

---

[91] Véanse algunos títulos significativos sobre el particular: Huizinga, *Homo Ludens*; Rahner, *Der spielenden Mensch.*

importantes y útiles para el progreso en términos técnicos, pero insuficientes y magros por sí solos para comprender los acuciantes problemas de la sociedad actual. Dice Lluis Duch (1997) al respecto: "La irrelevancia, más o menos aguda, de las transmisiones de nuestros días afecta de manera muy directa a la salud individual y colectiva".

...matemática sería la más importante para mí... todo se desprende de allí...

...y bueno la adquisición de la lectoescritura, bueno,... es sumamente importante en este siglo... (Informante M. B.).

...intentar ingresarlos al mundo de las letras, al mundo de los números de una manera muy sistemática... (Informante M. G.).

...los padres piden eso y piden también, bueno, un poco entrar en la moda de la computación, de la tecnología... (Informante M. G.).

...las Ciencias Sociales, creo que deberían tener más áreas, más tiempo, más horas, porque es un área que implica mucho más conocimiento... (Informante M. G.).

El divorcio entre naturaleza y cultura es una constante en la institución escuela que no atina a "reencantarse" con el mundo y sigue proclamando la "ilustración" y el "nominalismo" (solo se copia y se repite) en detrimento de la imaginación y del mito, desconociendo u olvidando paralelamente que el niño aprende por mímesis y no por análisis racional.

Pero no. con la mirada no hago nada... hablo y hablo, repito las cosas para que se ajusten a lo...

¡Usen la creatividad!

Relean... repitan... copien... (Dato del campo).

Las instituciones, por regla general, no quieren saber nada de que los contenidos se dejen interpretar, sino que apuestan por los elementos ya definitivamente interpretados. Esta escuela no escapa a ese esquema. Interrogadas las docentes por qué asignaturas agregarían o sacarían, la gran mayoría responde que no se lo cuestionan o que así está bien.

La confianza en la educación racional es tan ciega que se desconocen principios básicos de la socialización, aunque se ejecutan intuitivamente, no se valoran.

> ...*el entusiasmo es bárbaro... porque la seño va, juega con ellos...*

La relación de la comunidad con la escuela se concreta por medio de dos instituciones: la Asociación Cooperadora y el Club de Madres, que fungen como cooperadores y no exceden su colaboración más allá del soporte económico.

Los padres colaboraban por intermedio de la Asociación Cooperadora y el Club de Madres, y puede decirse que la labor realizada especialmente en los últimos cinco años fue encomiable, ya que colaboraban en todo cuanto se les solicitara (compra de material didáctico, muebles, organización de festivales, etc.) que contribuyeron al mejor desenvolvimiento de la labor escolar, incrementando así entre padres y maestros el espíritu de camaradería y una mejor relación hogar-escuela.

Con los subsidios otorgados por el FAE, la Asociación Cooperadora se vio respaldada y ayudada para la realización de muchas obras.

> La Asociación Cooperadora [...] contribuyó haciendo habitable la casa habitación, que la ocupó la nueva directora, estableciendo su residencia en la misma. Instalaron el agua caliente y refaccionaron la instalación eléctrica. En el mismo momento y a pedido de las nuevas autoridades, compraron un equipo de música con amplificador, que la escuela no poseía. (Fragmentos de *Historia de la Escuela nº 262*, de D. Daró, 1996).

Testimoniando una vez más el desconocimiento por el valor educativo de las acciones comunitarias y del trabajo solidario, se busca solo rédito económico, resultados. No se percibe todo lo rico y fecundo que ocurre allí cuando la comunidad toda trabaja en pos de un objetivo común. Olvidando una vez más que los niños tienen un vivo interés en participar en las ocupaciones de los demás. Los niños quieren ayudar, están siempre ansiosos de emprender empresas como los adultos. Los niños quieren colaborar íntimamente con los adultos y participar en forma "activa" en los actos cooperativos para contribuir al soporte de la escuela.

...Y ahora con los chicos... (del Club Colegial) estamos por hacer un torneo de fútbol para juntar plata... (Informante alumno).

Pero generalmente son solo mercado cautivo para la compra de rifas o comida. Promoviendo una vez más una acción direccionada a la no participación de los alumnos, dejando para ellos el rol del consumidor, siempre "pasivo".

La maestra toma lista y recoge los dineros de la cooperadora. (Observación).

Las acciones, fiestas, eventos no valen en sí mismos, solo valen en su propiedad transitiva y se justifican solo si brindan utilidad económica alguna.

M. D.: ...este año la fiesta de las colectividades fue pobre... la gente no gastó...

E.: No obstante, pude observar que la comunidad participó y festejó...

M. D.: ...siii,... sí. Pero no se recaudó como los años anteriores.

La noble actividad de estas instituciones comunitarias, solo económica, dimana un énfasis puesto en la capacidad utilitaria de compra de tecnología e infraestructura.

E.: Y digo, se implementan talleres de educación sexual o educación vial y de tránsito... digo por fuera de la currícula...

M. D.: ...nooo, no tenemos partida (presupuestaria) para...

E.: ...pero, y la Asociación Cooperadora.. .el club de Madres... podrían...

M. D.: Nooo, no. La cooperadora y las madres están abocadas en este momento a la construcción de un salón de usos múltiples...

Sendas instituciones (integrada por padres y vecinos la Asociación Cooperadora, y por madres exclusivamente el Club de Madres) denotan el grado de estratificación con relación al género y el rol social asignado.

3. El error de Descartes[92]

Investigar el trabajo pedagógico escolar sobre el movimiento, el cuerpo y las acciones motoras de los niños permite develar los distintos vínculos entre el cuerpo y la educación escolar. Una relación primordial se establece, según la historia de la pedagogía, entre cuerpo y salud física. Esa historia de la relación tiene su origen y primeros desarrollos durante el siglo pasado, aunque en la actualidad siguen vigentes los planteos de este tipo. Pueden hallarse en libros y manuales de pedagogía, en currículos, y con mayor especificidad, en trabajos de educación física y en los recreos. La cuestión de la salud física está ampliamente desarrollada con relación al cuerpo de los alumnos. El cuerpo se ha enfocado como el lugar de la posible enfermedad,

---

[92] Véase Damasio (1994). En su propuesta para superar el error de Descartes, Damasio expresa con contundencia: "Si lo primero para lo que se desarrolla evolutivamente el cerebro es para asegurar la supervivencia del cuerpo propiamente dicho, entonces, cuando aparecieron cerebros capaces de pensar, empezaron pensando en el cuerpo. Y sugiero que para asegurar la supervivencia del cuerpo de la manera más efectiva posible, la naturaleza dio con una solución muy efectiva: representar el mundo externo en términos de las modificaciones que causa en el cuerpo propiamente dicho, es decir, representar el ambiente mediante las modificaciones de las representaciones primordiales del cuerpo propiamente dicho siempre que tiene lugar una interacción entre el organismo y el ambiente".

sobre el que debe trabajarse su prevención, y por ende, el cuidado de la salud bajo un supuesto en común "cuerpo sano, mente sana". A través del desarrollo de las capacidades físicas, del cuidado de la higiene, de la disciplina postural, se protege el sostén material de la persona. En función de esto, se constituye una atención y enseñanza especializadas.

"Se crea una nueva disciplina, 'Educación Física', a cargo de profesores especializados; hasta ese momento las clases eran dictadas por la maestra de grado (fragmentos de *Historia de la Escuela nº 262*, de D. Daró, 1996).

El dualismo cartesiano sobrevive en el discurso en esta escuela que enfatiza el entrenamiento corporal como una forma de alcanzar una eficiencia física que garantizaría el rendimiento intelectual y controlaría los impulsos naturales.

Y es como que sirve para descargar tensiones también el movimiento... (Informante M. D.).

...Si los chicos no te atienden, y bueno yo les hago hacer tres respiraciones, profundas, digo cerrar los ojos, sentarse tranquilos, y después les digo que piensen y reflexionen para que estén aquí en el aula, entonces, bueno, te dicen un montón de cosas después y vos lográs que trabajen todo el día tranquilos... (Informante M. D.).

...Y... ir formándolo, formar su cuerpo, ir formando su cuerpo aparte del manejo manual, ¿no?, o sea, darles actividades de gimnasia y en esa etapa por ahí es muy importante la formación más correctiva para ir haciéndolo, digamos, un chico sano... (Informante H. A.).

...llega un momento en que el chico está muy, muy perturbado, que a veces esta muy metido en la clase y hay que cortar a veces en la clase o algo por el estilo, y hacer que el chico tenga la posibilidad de moverse, de cambiar de posición, de qué sé yo, hacer algo para que el chico descargue eso... (Informante M. D.).

Se establece así la separación entre conocimiento y cuerpo, y no se advierte que el "aprendizaje no es solo un proceso cognitivo, sino también somático" (Mc Laren, 1994).

Es opinión generalizada que los docentes no encuentren vinculación entre movimiento y aprendizaje intelectual (dato del campo).

4. La actividad física reglada

En la escuela, la actividad física queda inscripta en las clases de Educación Física y de un modo especial: dos espacios semanales de una hora, con una conducción claramente enmarcada con objetivos, contenidos, métodos y evaluación. En el currículo, prevalece una racionalidad técnica que se justifica desde la teoría de las ciencias "duras" (fisiología, biomecánica), connotado por ideologías no siempre explícitas. Otras veces, la educación física asume los códigos de otra institución (el club deportivo) y, de esta manera, encontramos, entonces, no el deporte de la escuela y sí el deporte en la escuela; lo que indica su subordinación a los códigos / sentidos de la institución deportiva. El deporte en la escuela es un seudópodo del "club deportivo". Los códigos de la institución deportiva pueden ser resumidos en: principio del rendimiento atlético-deportivo, competición, comparación de rendimientos y marcas, reglamentación rígida, sucesos deportivos y sinónimo de victoria, racionalización de medios y técnicas.

...que haya una uniformidad de criterios entre la gente que maneja la educación y los deportes fuera de la escuela porque nosotros dentro del marco escolar tenemos prácticamente, no prohibido pero, la competencia, viste la competencia... nosotros lo tomamos como juego ¿sí?, el chico lo toma como competencia pero, porque viene de afuera, el chico está acostumbrado a jugar, a ganar, y si tiene que

partirles los dientes al compañero que está al lado, quedate tranquilo que si puede, se los parte (informante H. A.).
Y después te demandan los intercolegiales... (Informante S. S.).

En los espacios curriculares destinados a la Educación Física, la influencia del medio social es apremiante, en relación con el cuerpo y los movimientos, en la medida en que racionalizando el movimiento, con el fin de obtener un mejor rendimiento, los profesores de Educación Física, apoyados en las ciencias, han codificado un determinado número de prácticas motrices que se enseñan masivamente. Las prácticas así formalizadas y presentadas como modelos constituyen verdaderas destrezas motrices que "es preciso adquirir".

La Educación Física es un ámbito curricular ideal propicio para el desarrollo de la competencia. La apología del *citius, altius, fortius*[93] de la Grecia clásica no sería tan mala si no fuera porque la competición premia solo al mejor. ¿Y los que pierden, que son muchos más que el único ganador? Porque la marca califica y jerarquiza, porque les escamotea las ganas viscerales y ancestrales de moverse, no solo a los que no ganan, sino también al "victorioso" que lo insensibiliza hasta el punto de sufrir las penurias del entrenamiento solo para conseguir los beneficios que otorga ser el primero. Aquí aparece claramente el sentido iatrogénico de la Educación Física, el horizonte es la quietud y no la libertad que promete el movimiento. Baste mirar que el podio tiene espacio solo para tres.

...el chico lo toma como competencia pero porque viene de afuera, el chico está acostumbrado a jugar, a ganar, y si tiene que partirles los dientes al compañero que está al lado, quedate tranquilo, que si puede, se los parte. (Informante H. A.).

---

[93] Locución latina que significa "más lejos, más alto, más fuerte".

El otro espacio escolar en que se permite el movimiento es el recreo, tres o cuatro tiempos de cinco y hasta de quince minutos, un espacio de dispersión a modo de pausa biológica, para luego estudiar con mayor orden y disciplina lo que se debe aprender.

...pueden salir al recreo. Vayan al baño y tomen agua... (Dato del campo).

CAPÍTULO VIII. CONCLUSIONES

1. Conclusiones empíricas

Con miras a comprender e interpretar una realidad que interactúa con un contexto más amplio, con la finalidad de derivar conocimiento y planteamientos teóricos más que resolver problemas prácticos, como lo podría hacer la investigación- acción, por ejemplo, nuestro trabajo de investigación estuvo centrado en el análisis de las creencias y las teorías implícitas conjugadas ambas en un espacio simbólico que permitió analizar la producción de sentidos que los docentes tienen de la actividad física, del movimiento corporal y de las expresiones motrices. Esto nos ha permitido advertir un intenso trabajo, tanto sobre el cuerpo (que si bien no es objetivo de este trabajo, importa, ya que tiene implicaciones directas sobre la acción) como sobre las acciones de los niños presentes en las clases, los recreos, los momentos de formación, de recreación, etc. A diferencia de quienes argumentan que las prácticas escolares manifiestan ausencia y el desconocimiento del cuerpo y del movimiento, sostenemos que el trabajo pedagógico con alumnos implica siempre un trabajo con y en el cuerpo, y que ese trabajo es la base y la condición de los demás aprendizajes.

Este tipo de trabajo pedagógico se mostró visible y posible de explicitar desde una perspectiva conceptual que da cuenta de la producción social de los sujetos a través de la corporización y de los movimientos y de las expresiones motrices, de las convenciones culturales dominantes. En particular, en nuestra unidad de análisis el trabajo pedagógico fue visto en la producción social del alumno por medio de la inscripción de la cultura institucional en el cuerpo, el movimiento y las expresiones motrices del niño, bajo la forma de "orden escolar" y "aprendizaje racional". Esta labor de disciplinamiento "oculta"[94] no fue fácil de reconocer hasta que comprendimos que la relación con la forma que comprende al movimiento y la actividad física estribaba en develar "los intersticios de la cultura",[95] condición categórica para comprender las prácticas sociales en general y las prácticas pedagógicas en el seno de la institución escuela, en particular.

La cuestión del orden escolar y la problemática del aprendizaje racional se entrecruzan en la forma de educar en esta escuela como expresiones de modos de ser en el mundo que aparecen alejados del concepto de actividad física, que devenidos categorías de análisis desde una perspectiva holística, compleja, ecológica nos muestran su vinculación no íntima, pero determinante. Además de todo lo que está escrito y formulado explícitamente, lo que se infiere de los datos es que la escuela también constituye un mensaje que modela el comportamiento de las personas. Todas estas representaciones y creencias implícitas que traen los docentes se ven reforzadas por la institución escuela, pues la organización escuela se suma a los contenidos constituyendo una fuerza educativa potente.

La escuela, como toda organización, reproduce en parte las estructuras de la sociedad a la que pertenece y de la que recibe los mandatos para asegurar su perpetuidad. Asegura Paulo Freire (1986): "El poder que la creó nunca permitirá que la educación se vuelva en su contra".

---

[94] Algunos autores (Jackson, 1975; Giroux, 1981) denominan "currículum oculto" a ciertos aspectos formativos de la escuela. El término tiene implicaciones que no compartimos, como sugerir cierta complicidad entre el sistema y los docentes.

[95] Para ampliar, ver Malinowsky, B. (1986), *Los argonautas del Pacífico occidental*, Barcelona, Planeta Agostini.

2. La fragmentación del texto y del contexto:[96] orden y razón

Una de las dimensiones más innovadoras de la Reforma Educativa producida por la Ley Federal de Educación n.º 24195 es esencialmente una llamada de atención sobre la necesidad de convertir la acción educativa en una acción globalmente humanizadora, una acción a través de la cual se haga posible el enriquecimiento, cada vez mayor, del ser humano y de sus posibilidades para crear permanentemente una vida mejor para sí mismo y para los demás, una vida más digna y mejor para todos.

La provincia de Santa Fe así lo asegura en el Diseño Curricular Jurisdiccional:

> Abordar el amplio espectro de contenidos básicos –conceptuales, procedimentales y actitudinales– para que cada alumno pueda desarrollar plenamente sus potencialidades. Ello supone abrir horizontes para un trabajo digno que permita a cada uno participar en el mejoramiento de la calidad de vida mediante el ejercicio responsable de la toma de decisiones en un proceso ininterrumpido de aprendizaje, que les posibilite alcanzar las metas de su proyecto personal / comunitario.

De esta manera, alienta la concepción globalizadora o abordaje esférico desde una perspectiva ecológica, y plantea como insostenible una división entre el aprendizaje o saber científico y el aprendizaje o saber ético, y pone un fuerte énfasis en el desarrollo de las capacidades creadoras, la espontaneidad y el juego, respetando las diferencias singulares. Pero en esta escuela, inferimos que la intención de la Reforma no pasa de ser una mera expresión de deseo, al

---

[96] La mayor parte de los estudios cualitativos están preocupados por el contexto de los acontecimientos, y centran su indagación en aquellos contextos en los que los seres humanos se implican e interesan, evalúan y experimentan directamente (Dewey, 1934 y 1938).

menos por ahora, ya que tanto el perfil epistemológico que soporta la normativa institucional vigente, en su condición ideologizada,[97] como los contenidos básicos, la estructura misma del diseño curricular y la concepción (cosmovisión) misma de la realidad, de hombre y de educación de los docentes atentan contra una aprehensión del proceso de la vida como algo continuo, integrado, esférico, humano de parte de los alumnos. Encontramos también en esta escuela que la visión fragmentaria y simplificadora de la realidad, elevada a categoría de creencia, se manifiesta en orden escolar y aprendizaje racional. Observamos que el orden, a través de la coerción, y la razón, por omisión, mutilan, parcializan el desarrollo del niño, reglan su sensibilidad, norman su espontaneidad porque inhiben los naturales impulsos motores. En este contexto, no son consideradas las expresiones corporales espontáneas como necesarias para el aprendizaje, ni los movimientos, ni la actividad física como parte esencial en el proceso educativo.

3. Conclusiones teóricas

Las actividades corporales y motrices representan una constante en el 92% de la historia de la humanidad. Se trata de constantes antropológicas básicas, siempre vinculadas directamente al trabajo, pero también al juego, al ocio, la producción, la guerra, lo rituales, etc.

A partir de allí, nos preguntamos si realmente las prácticas motrices ya no son una constante en la historia de la humanidad. ¿Han cambiado? ¿Su esencia permanece constante, esto es, tanto en sí mismas como en las representaciones sociales en torno de ellas, que a su vez juegan

---

[97] En referencia al mundo de las ideas de Platón.

un papel en la estabilidad y el cambio en los conocimientos, los discursos y las tradiciones de estas prácticas?

¿Son las creencias y/o las teorías implícitas de la institución escolar y los docentes, en este caso, de la Enseñanza General Básica, las que directa o indirectamente influyen en las estrategias de enseñanza con relación a los hábitos motores / sedentarios de los niños? Preguntarnos esto amplía la misma pregunta y nos lleva a pensar sobre qué sujetos e instituciones están insertos en un campo mayor, que es la sociedad toda. Lo que remite a su vez a la cultura. ¿Es este momento el del sedentarismo o el de la actividad? ¿Es que tenemos prejuicios frente a la técnica que implica el industrialismo, la automatización, donde la ciencia y el maquinismo pero también la organización social reglan el paso y el ritmo de la vida moderna que aquieta los cuerpos tras las máquinas? ¿Es que lo disciplinar como sujeto investigador tiñe la percepción? ¿Es que prestamos oídos a las críticas en relación con la tecnología *de punta*, que desarrolla, pero que –según parece– detiene? ¿Se podrá pensar que el intelectualismo, en el sentido de especialización cultural y de humanismo científico como supremas medidas de valor, también ejerce una influencia tendiente al sedentarismo por su carácter fragmentario? ¿Es osado pensar que la tendencia a la centralización y al poder, por sus características intrínsecas, tiende a aquietar para dominar? ¿Estamos en un momento de "crisis", pasada la cual veremos con más claridad los sucesos?

Esto nos llevó a interrogarnos sobre el valor de las cosas o las ideas, si debíamos prestar más atención a las condiciones materiales que a las condiciones espirituales, a los factores estructurales que a los factores culturales en la evolución de la historia del hombre. Para esto, pasamos revista a algunos de los principales factores explicativos implicados en el cambio[98] de las sociedades y sus derivaciones sobre las prácticas motrices. Hicimos un rápido paneo por el proceso civilizatorio occidental, el urbanismo, la tecnología y la aceleración.[99]

Si bien la motricidad del hombre es en sus características esenciales función de la forma de vida, en especial, del trabajo, la disminución de la actividad física en la forma de vivir, que se manifiesta como una tendencia a la realización cada vez más mezquina de movimientos corporales, parecería ser consecuencia de la necesidad del hombre de ejecutar cada vez una menor cantidad de esfuerzo físico para apropiarse de la naturaleza y poder sobrevivir, fruto de un proceso que erige a la técnica, la urbanización, la intelectualización y la centralización del poder como paradigmas en el marco de lo que se denomina *civilización occidental*.[100] Principalmente, la técnica ha hecho posible reducir enormemente la cantidad de actividad física en forma de trabajo para asegurar lo imprescindible para la vida de todos. En este sentido, la historia nos muestra que no se trata de utilidad, sino de obra. "Si la técnica fuera solo la continuación de impulsos operativos naturales, nunca podrá el ser que la ha producido haberla puesto en una

---

[98] Definiremos el cambio social como "conjunto de alteraciones y transformaciones significativas que afectan de una manera no efímera a las estructuras básicas de una sociedad. Estas transformaciones son observables y verificables y afectan la vida de los individuos, de los grupos, de las instituciones y las creencias, costumbres, usos, reglas de comportamiento, valores y símbolos culturales. Esta sucesión de diferencias y variaciones que se dan en distintos ámbitos y niveles de la vida social se producen sobre un trasfondo de identidad cultural persistente".

[99] Para ampliar, ver *Imperio* de Antonio Negri y Michael Hardt, Cambridge, Massachussets, Harvard University Press, 2000.

[100] Entendiendo por ello una forma de pensar y obrar fundados en el realismo, el antropocentrismo y el racionalismo.

contradicción con el sentido de su propia existencia, que desafía toda lógica natural".

Entendemos que la técnica favorezca los procesos de producción, que alivie el esfuerzo para vivir. Lo que nos interrogamos es: ¿por qué numerosos estudios muestran una tendencia hacia el sedentarismo en las costumbres de los niños? Si los niños son espontáneamente activos y disfrutan de la actividad física y el juego, si los niños no necesitan de la técnica para aliviar esfuerzos, ¿serán sus conductas y hábitos prescriptos por una cultura altamente intelectualizada y centralizada que ha evolucionado desde la revolución industrial, con el reemplazo paulatino del hombre por la máquina hacia la revolución cibernética con la progresiva inhibición del movimiento? No obstante, parecería no ser la técnica ni el uso indiscriminado que se hace de ella la única causa de la disminución de la actividad física. Antes bien, encontramos que la urbanización y la automatización del medio son solo factores coadyuvantes y a la vez consecuencias y signos de una manera de concebir la realidad fragmentada y reducida.

Es especialmente importante que consideremos la cuestión de la fragmentación ahora, porque la fragmentación está muy extendida por todas partes, no solo por toda la sociedad, sino también en cada individuo, produciendo una especie de confusión mental generalizada que crea una interminable serie de problemas y que interfiere en la claridad de nuestra percepción tan seriamente que nos impide resolver la mayor parte de ellos.

El hombre ha perdido la conciencia de lo que está haciendo, y por lo tanto, ha extendido el proceso de división más allá de los límites dentro de los cuales funciona correctamente. Y si bien el hombre ha buscado siempre la totalidad mental, física, social e individual, generalmente y a pesar de ello ha vivido en la fragmentación desde tiempos inmemoriales.

Este modo de ser en el mundo, que encuentra su anclaje ya en Grecia con el racionalismo, el realismo y el antropocentrismo, signado por la voluntad de dominio de la naturaleza, se materializa a través del trabajo, la iniciativa, la producción, la organización, el sentido de la eficacia y de la utilidad. La *ratio aeconómica* (la actividad económica ordenada) es el motivo y el principio de su conducta. Tres son los postulados básicos que rigen esta manera de ser.
1. La primacía de la acción y del trabajo, pues el hombre se realiza plenamente en ellos, postulado que ni se discute.
2. La primacía de la razón, pues ella "puede resolver todos los problemas, y los únicos problemas reales son los que la ciencia puede resolver". Este positivismo ha engendrado el cientificismo y la tecnocracia. El espíritu queda reducido a la mera inteligencia. Ni el amor, ni la fe, ni la poesía tienen lugar en él.
3. El infinito puramente cuantitativo: en nombre de este postulado, nuestras sociedades funcionan como si todo lo que es técnicamente posible fuera deseable y necesario.

Esta es una manera de ser en el mundo, de relacionarse con el mundo, de la creencia en el propio "progreso", en el desarrollo tecnológico como paradigma de indudable beneficio, de "extender sobre el mundo el glorioso imperio de la razón" (Guizot, 1787-1874). Este modelo pretende que lo ideal es tener más dinero, estatus, poder, confort, bienestar, seguridad, tranquilidad personal y social, instalación, conformismo y ser propietario de... cuanto más, mejor. Y siempre "avanzar", "triunfar", "llegar" a tener siempre más comporta un estilo de vida estructurado con creencias, significaciones, normas, actitudes siempre fragmentarias, analíticas y reducidas, y siempre aderezado con los valores asertivos que le son propios: dominación, competencia, etc.

Desde esta concepción, son estas las creencias que se traducen en conductas que cercenan el movimiento y nos "acomodan" a la quietud, y cuando nos hacen mover, es solo eficazmente y con miras a una mayor producción y utilidad; y eso sería lo de menos, si no fuera que inhiben la risa, descalifican el juego, aprisionan el ser, confunden seriedad con mal humor, penalizan la tontería, exoneran la extravagancia. Son esas las creencias que ahogan los impulsos vitales, que nos vuelven insensibles a las reacciones espontáneas y nos impiden ser personas. Porque las fuentes del desarrollo y de la humanidad se encuentran esencialmente dentro de la persona humana y no son creadas o inventadas por la sociedad, la cual solo puede ayudar, pero como vemos, también estorbar el desarrollo de la humanidad de la persona.

Ya estamos asistiendo a ello: este modo de vivir nos ha abocado a la contaminación, a la destrucción del equilibrio de la naturaleza, a la inequidad social, a la superpoblación, al desorden económico y político del mundo entero, y a la creación de un medio ambiente que no es ni física ni mentalmente saludable para la mayoría de la gente que tiene que vivir en él. Y "sentimos, como dice J. Pozo (2001), que hemos entrado al siglo XXI, sin haber resuelto, ni siquiera comprendido aún, *humana/mente* nuestros principales problemas analógicos, haciendo una clara alusión a la pretendida ilusión de la revolución digital plena de progreso técnico, científico y valores escépticos".

Esta manera analítica, lineal, racional, reduccionista de pensar el mundo no es ni intrínsecamente buena ni mala; sí lo es en su exagerada polarización exclusiva y excluyente y no puede menos que dejar de sorprendernos su conexión con los inherentes valores asertivos: expansión, competición, cantidad, dominación.

Asistimos, no con asombro, a que la instancia de socialización en esta institución escuela repica el sesgo simplificador y fragmentado, de manera que sus principales objetivos son lograr la máxima eficiencia para conferir competencia técnico-científica y normatizar a los alumnos. Emergen del campo dos categorías que nos permiten sindicar esta escuela con un orden de subjetividad que no escapa a la trama de subjetivad mayor que la sociedad racional comporta. El orden en la escuela y la confianza ciega en el aprendizaje racional dan cuenta claramente de una socialización en términos de fragmentación. Esta investigación particularizada en una institución escolar nos permite pensar que bajo las mismas condiciones el fenómeno tendrá las mismas características de producción y reproducción. Esto, podemos inferir, ya está siendo así la confirmación de su fracaso como entidades que tendrían en su debe el balance negativo de estar contribuyendo al peligroso recorte de aspectos esenciales de la humanidad del hombre, prometiendo una vida (aunque plétora de éxitos) pobre, aburrida, alienada e inmóvil.

CAPÍTULO IX. NUESTRA PROPUESTA

En un intento por promover recursos humanos en el campo de la educación graduada, formados en una perspectiva de análisis más amplia, con un sólido respaldo teórico, suficiente experiencia y vivencia motriz,[101] quienes extrapolan desde su condición la mera instancia técnica de "transmitir" conocimientos, elementos de reflexión sobre el discurso áulico,[102] sugieren un análisis del "uso" de la actividad física dentro de una esfera más amplia, la esfera cultural y social. En un intento de "testimoniar" otra forma de andar la vida, trataremos de presentar bases conceptuales que sostengan la actividad física, y no solo a la actividad física, como inherente a una forma o modo de enseñar que integre todas las dimensiones substanciales del ser humano. Creemos que esto contribuirá a fomentar hábitos dinámicos en los educandos (esto es, en alcances de recuperar la actividad física como agente educativo primigenio) en pos de una sociedad más dinámica, vital y libre.

Con el soporte de los conocimientos adquiridos a lo largo de este trabajo de investigación, intentaremos retomar el trabajo en el mismo escenario institucional, esto es, usar el material como importante fuente de reflexión para lo cual hemos configurado el siguiente plan de acción.

---

[101] "Así, dentro de una situación dada existe una pauta de comportamiento para los miembros de un grupo humano cuando esperan que quien se encuentra en dicha situación reaccione de un cierto modo". Robert, M. A. (s/r), *Ethos, Introducción a la antropología social*, Buenos Aires, Eudeba, p. 4.

[102] Entendiendo por discurso áulico el discurso sutil, implícito u oculto que desdeña contenidos para sustituirlos por otro tanto como los invalida. Cazden Courtney (s/r), *El discurso en el aula*, Buenos Aires, Paidós.

1. ¿Cómo investigar?

Diversos autores se animan a afirmar que la práctica educativa no refleja los resultados de la investigación didáctica. Desde la perspectiva mediacional centrada en el docente, se estima que tal distancia es consecuencia de la debilidad de los métodos y técnicas de investigación en ciencias sociales y de los equívocos enfoques de la misma investigación que estudia problemas irrelevantes para la didáctica. Desde un enfoque cualitativo de estudio de casos, se explica la distancia por la pretensión de deducir directamente desde la investigación un modelo de comportamiento docente que se prescribe para todos los docentes como modelo ejemplar de actuación racional. Fernstermacher (1982) señala que el problema reside en el modo, de marcado carácter normativo, de trasladar los resultados a la práctica; y Tom[103] asegura que la investigación en la enseñanza no ha tomado en serio todavía la intuición, la experiencia y la reflexión de los docentes, excepto como material bruto que debe someterse al análisis con las técnicas y procedimientos cuantitativos de las ciencias del comportamiento.

Existen, entonces, significativas divergencias teóricas e interpretativas entre los investigadores y los docentes como consecuencia de diversas posiciones en el proceso de enseñanza. Parecería que la multiplicidad y la fragmentación de los resultados de las pesquisas y la tendencia a favorecer los procesos de análisis en detrimento de los de síntesis muestran claramente el divorcio entre las tareas de investigación y las prácticas educativas. Los investigadores (Huching y Johnson, 1983) afirman que la investigación

---

[103] Consignado por José Gimeno en "Pensamiento y acción en el profesor: de los estudios sobre la planificación al pensamiento práctico", *Revista Infancia y Aprendizaje*, 42-37, Málaga, 1988.

no tendrá impacto significativo sobre la práctica de la enseñanza a menos que converja con el modo particular que tiene cada docente de reflexionar e interpretar su intervención en el aula.

Proponemos, por lo tanto, enderezar los trabajos de investigación hacia el estudio de casos singulares para poder estudiar el contexto específico y la peculiaridad de los significados, abandonando la búsqueda de regularidades, y de esta manera, dar respuestas a la complejidad de la problemática de las prácticas educativas que reclaman concepciones sistémicas y puntos de vista integrales, holísticos y esféricos.

2. La importancia de las creencias en las reformas educativas

La pregunta sobre cómo involucrar a los docentes en los esfuerzos de "reforma" o cambio no solo para aumentar las posibilidades de éxito de la innovación (como esperan los innovadores de currícula), sino también para elevar los niveles de conciencia y así, al aprender, enseñar en el mismo acto, ha sido formulada, por supuesto, en innovaciones previas. Tradicionalmente, este proceso consistió e insiste aproximadamente en los siguientes pasos:

1. Los aportes innovadores son definidos por los diseñadores de currículo o de políticas educativas.
2. Se planifica la conducta esperada por los docentes que obedientemente implementarían la innovación, o sobre las habilidades que los docentes deberían adquirir.
3. Se entrena y supervisa a los docentes, con el objeto de alcanzar el comportamiento deseado. Especialmente,

"intervenciones breves y precisas"[104] como talleres son utilizadas para lograr los objetivos.
4. Usualmente, la implementación no es adoptada por los docentes en la manera pretendida, o los cambios de conducta inicialmente observados no persisten.
5. Los cuatro puntos anteriores son repetidos, pero de una manera modificada, o luego de que la innovación en sí misma haya sido redefinida.

Por supuesto, no todo esfuerzo de reforma en el pasado siguió este esquema. Ha habido muchos intentos de mejorar en este sentido (véase Sparks y Loucks, Horseley, 1990),[105] pero en general, se puede concluir que el rol del docente en el contexto del cambio curricular usualmente ha sido percibido como el de un "ejecutor" de las ideas innovadoras de otros (políticos educativos, diseñadores de currículo, investigadores, etc.). Recientemente, Ball y Cohen (1999) han argumentado que el rol del gobierno debería limitarse a establecer el marco de trabajo para el cambio. Los cambios de la práctica real, sin embargo, deberían estar en las manos de los docentes.

En la literatura reciente, hay un creciente consenso en que los esfuerzos de cambio están condenados al fracaso si el énfasis se pone en el desarrollo de habilidades específicas de enseñanza, a menos que las cogniciones docentes, incluidas sus creencias, representaciones, intenciones y actitudes, sean tenidas en cuenta (Haney, Czerniak y Lumpe, 1996). Y esto es así siempre que en los procesos de formación y de reforma se inicie de revisiones conceptuales que son muy importantes para la formación teórica, pero poco relevantes desde nuestra apreciación muy particular, si se hace abstracción de los presupuestos nodales que

---

[104] *Single shots interventions* en el original.
[105] Citado por Van Driel et ál.

atraviesan el trabajo que hacen los docentes: sus creencias y representaciones.

Y en este sentido, pese a que las creencias son una parte relevante en la vida personal y profesional de los docentes, porque operan como la base que guía sus acciones, son una arista poco explorada. Además, la docencia / discencia requiere de una permanente reflexión que no puede darse si los obstáculos que la frenan no son afrontados por los mismos docentes. Las creencias, "el continente de nuestra vida", como las define Ortega y Gasset, se deben desaprender para mejorar la docencia, como señalan Liston y Zeichner (1993).[106] Los docentes deben hacer conscientes las consecuencias de sus propias concepciones y conocer alternativas para desarrollar su tarea.

La realidad nos muestra que las reformas reclaman cambios en el conocimiento y las creencias docentes sobre temas relacionados a su materia, la enseñanza, los niños y el aprendizaje. Por lo tanto, la intención de cambio y la implementación de "reformas" pueden ser vistas, esencialmente, como una cuestión de aprendizaje docente (Ball y Cohen, 1999). Sin embargo, muchos autores han señalado que las ideas docentes sobre su materia, la enseñanza y el aprendizaje no cambian fácil ni rápidamente. Veamos las variadas razones, ya expuestas, de por qué el saber docente es usualmente estable y por qué las ideas innovadoras no son fácilmente aplicables en su práctica docente. Vale su reiteración: primero, los docentes no tienden a arriesgarse a cambiar su propia práctica, enraizada en el conocimiento práctico construido a lo largo de sus carreras. A lo largo de los años, este conocimiento ha probado ser factible en una forma satisfactoria. Desde un punto de vista constructivista, no hay, por lo tanto, necesidad para los maestros de cambiar sus concepciones (Posner, Strike, Hewson y Gertzog,

---

[106] Citado por Van Driel et ál.

1982). En cambio, los docentes tienden a "emparchar" su práctica, recogiendo materiales y técnicas aquí y allá e incorporándolas a su práctica existente (Thompson y Zeuli, 1999). Segundo, aunque la experiencia contribuye a incrementar la extensión del conocimiento práctico docente, al mismo tiempo, la variedad propia de este conocimiento decrece. Este fenómeno se conoce como concentración de conocimiento: las personas gradualmente "se sienten más en casa" en un área cada vez más pequeña (Bereiter y Scardamalia 1993). Consecuentemente, se hace cada vez más y más difícil para alguien moverse en un área de experiencia con el que no está familiarizado. Por estas dos razones, los innovadores a menudo tienden a considerar a las creencias de los docentes como anclaje (Cf. Tom y Valli, 1990). Sin embargo, como es la expresión de lo que los docentes realmente conocen y hacen, es una fuente relevante que los innovadores no deben olvidar cuando desean implementar cambios educativos reales.

Cuando se les pide a los docentes que pongan en práctica una innovación, se evidencian problemas en todos los estudios. Por ejemplo, a menudo, cuando se "triangula", ocurren inconsistencias "entre lo que dicen y lo que hacen". Pareciera que se necesita el desarrollo personal permanente para realmente cambiar el conocimiento práctico en docentes veteranos. Dada la naturaleza del conocimiento práctico de los docentes, como un conocimiento integrado que guía la práctica, esto no es sorprendente. Desde esta perspectiva, una innovación implica no simplemente una suma de nueva información al marco de referencia de conocimiento existente; de hecho, los docentes necesitan reestructurar sus conocimientos y creencias, hacer explícitas sus representaciones implícitas y, sobre la base de la experiencia, integrar la nueva información a sus creencias.

3. Educación para la vida

En este sentido, nuestro propósito es puntual: trabajar con los docentes para impactar en su mentalidad. Poner en entredicho los espacios existentes relativos a las propias creencias subjetivas sobre la actividad física, y no solo sobre la actividad física, sino también sobre la concepción de cosmos, de hombre y de educación, y paralelamente, provocar un cambio en las nociones, como actitudes, en la forma o modo de enseñar. Esto es porque los procesos de toma de decisiones y la conducta de los docentes están directamente influidos por la forma como el docente concibe su propia realidad. "Porque en la psicología cognitiva todo lo que somos o hacemos, lo que sabemos y buscamos, depende de cómo nos representamos el mundo", dice Pozo (2001). Las creencias que sostenemos influyen tácitamente sobre el significado global de lo que hacemos. Estas ideas, "convicciones y significados, conscientes o inconscientes, que surgen a partir de la experiencia, [...] y se expresan en acciones personales" (Conelly y Clandinin, 1984), que son siempre hipótesis, modelos de representación mental de la realidad, deben ofrecerse continuamente al contraste y la refutación. Los constructos son siempre permeables a nuevas experiencias y acontecimientos. Pero solo cuando las personas se tornan conscientes de sus constructos, de su carácter provisional e histórico y de la importancia de ellos en la interpretación y actuación sobre el medio, pueden proponerse de forma autónoma y consciente su modificación. También es necesario, para asumir su modificación, que se produzca un conflicto entre las creencias. Pero este cambio en los patrones de pensamiento o sistema de constructos reclama de la adquisición de conocimientos provocados por la fricción emergente entre valores contradictorios.

En pos de estos objetivos y atendiendo los procesos de socialización o adquisición del pensamiento práctico, proponemos desde una perspectiva de análisis dialéctica trabajar sobre el conocimiento de sí mismo y del medio, y no solo en los períodos de formación del profesorado, sino también a lo largo de su vida profesional y personal. La idea es brindar a los docentes la oportunidad de dialogar y reflexionar sobre su experiencia, repensar su filosofía personal, tomar conciencia de sus actos, analizar con profundidad sus conductas y permitir aflorar así sus creencias para confrontar con sus pares. Esto último es muy importante, ya que el conocimiento práctico no se aprende tanto en los "libros" como a partir de la propia experiencia y de la transmisión oral de los otros docentes. Esto adicionalmente ayuda a darse cuenta del carácter fragmentario del pensamiento (hay pruebas sobradas de que a pesar de su voracidad informativa, el sistema cognitivo humano tiende a generar representaciones más ordenadas que el propio mundo). Pero también aporta algunos elementos que según nuestro parecer podrían tener algún interés para la formulación de las bases de una antropología de las transmisiones como acción pedagógica fundamental.

Entonces, encaminados tras la idea de formar y no meramente informar, no se debe olvidar que el ser humano es un espíritu encarnado y que la educación debe tener como centro la conjunción armoniosa, más que la simple contraposición o la exclusión, de las diferentes virtualidades expresivas de esta "caña pensante" que es el ser humano.

Nos referimos a la conjunción del *logos* con el *mythos*, de la intuición con la abstracción, entre el concepto y la imagen, entre la *sapientia* y el *experimentum*, necesarias para que "el hombre habite crítica y sapiencialmente su mundo, sin dejarse seducir por una falsa idolatría acrítica y sobrevalorada", del "pensamiento literal", del *logos,* de "las cosas tal como son" (Duch, 1997).

Por esto los numerosos aspectos temáticos implicados en esta propuesta exceden los aspectos antropológicos y alcanzan la visión del cosmos, la manera de conocer la realidad, pero también los fines y métodos de la educación. Muchos de estos aspectos temáticos deben ser considerados como "transversales" a los contenidos curriculares, y se comportan como metacontenidos, en su condición de instrumentos a través de los cuales se pretende desarrollar la capacidad de pensar, de hacer, de comprender y de manejar adecuadamente el mundo que nos rodea. Estos contenidos no están confinados a un tiempo y un espacio curricular determinado, es decir, no necesitan de una disciplina o un área específica para ser abordados. Estos presuponen que atraviesan, interesan y comprometen a todos los contenidos. Entonces, veremos que los "clásicos" contenidos vertebrados en torno a ejes que expresan la problemática cotidiana se convierten en instrumentos cuyo valor aparece de inmediato a los ojos del alumno.

En la intención de no ser axiomáticos, solo nos proponemos llevar a cabo la exposición de algunos ejes temáticos que expresan "un estilo de pensamiento" sobre lo que sería no solo oportuno sino también imprescindible transmitir para el fomento de una sociedad más dinámica y vital.

- Educar para la paz, que defiendan sus derechos, que respeten y valoren las diferencias.
- Educar para la "desobediencia civil",[107] porque la correcta insubordinación y la subversión del sistema rompen la estructura del poder y alumbran nuevas ideas.
- Educar por el movimiento, el juego o deporte, porque el deporte, a pesar de su innegable ambigüedad actual, puede llegar a ser una forma muy importante de aprender a jugar, y aprender a jugar es aprender a liberar nuestra subjetividad.

---

[107] Briggs, J y Peat, D. (1999), *Las siete leyes del caos*, Barcelona, Grijalbo.

- Educar para el movimiento o la actividad física, porque es innegable que hace falta movernos para vivir, no para conseguir la "energía libre", sí en cambio para estar en capacidad de disfrutar de la vida en todos sus alcances. Porque es necesario comprender que las capacidades, órganos o sistemas presionan para su funcionamiento y para expresarse a sí mismo y ser utilizados y ejercitados; y que este uso produce satisfacción y el desuso, irritación. La persona musculosa disfruta utilizando sus músculos, es más, tiene que utilizarlos para sentirse bien y para alcanzar el sentimiento subjetivo de funcionamiento armonioso, no inhibido y logrado.
- Educar para la nutrición, porque no solo debemos alimentarnos saludable y conscientemente, sino también porque la alimentación es la más clara muestra de que "la Tierra no pertenece al hombre, sino que el hombre pertenece a la Tierra" (Seattle, 1853).
- Educar para la salud, porque somos "buenos por naturaleza", porque las reacciones corporales espontáneas son siempre inteligentes, y porque "aquello que la persona desea y disfruta puede ser al mismo tiempo lo que le conviene"; debemos ocuparnos holísticamente (integrando todas las dimensiones substanciales del ser humano) y ecológicamente (armonizando con el medio).
- Educar para la práctica de la solidaridad, porque el "salir hacia fuera" en oposición al "entrar hacia adentro" es señal de una buena salud humana. "La solidaridad horizontal enaltece, la caridad vertical humilla", dice Galeano.
- Educar para reencantarse con la vida, para encontrar en la vida toda la belleza, el encantamiento y la poesía que pueda tener.
- Educar para aceptar el ciclo de la vida, porque la muerte es un dato irrevocable de la vida presente, que no

puede ser negligido por una correcta antropología de las transmisiones.
- Educar con relación al sexo y el género, porque no puede olvidarse que la existencia humana es una existencia que se realiza en medio de la "polaridad de los sexos".
- Educar para disfrutar del tiempo, porque el tiempo de cada ser humano es el descubrimiento de uno mismo en simpatía con los otros y en armonía con la naturaleza.
- Educar para la técnica, porque precisamente a causa de su inevitabilidad y de su obviedad en la vida actual, los peligros de la tecnociencia son demasiado evidentes como para que puedan ser ignorados.
- Educar para la contingencia, porque se impone la consideración de la vida del hombre como un proceso discente ininterrumpido, porque su instintividad natural le resulta insuficiente para vivir con plenitud el presente y planificar el futuro con unas ciertas garantías de éxito.
- Educar para el sentido de la vida, la religazón con lo absoluto, buscar el sentido último de la vida, abiertos a la pluralidad de expresiones a la trascendencia.
- Educar en valores, porque el ser humano necesita una trama de valores, una filosofía de vida, una religión o un sustitutivo de la religión de acuerdo con la cual vivir y pensar, de la misma manera que necesita la luz solar, el calcio o el amor.
- Educar para la preservación de la naturaleza, porque es absolutamente necesaria una conciencia ecológica para que se comprenda la importancia casi religiosa que tiene la naturaleza para nuestro psiquismo, y asumir esta actitud conlleva profundas implicaciones para el ser humano.

En resumen, si queremos que las transmisiones pedagógicas tengan efectos positivos y duraderos sobre la salud humana, deben esmerarse por superar la simple solución de problemas técnicos que se derivan del hecho de vivir, deben apostar firmemente por las dimensiones terapéuticas de la esperanza. Confiar plenamente en que "la primavera es inexorable", al decir de Neftalí Reyes.

4. Diálogo y testimonio

Con estos propósitos, se deben promover espacios no solo durante la formación, sino también durante la vida profesional y personal en la escuela misma para la práctica del arte del diálogo. Porque no existe el menor atisbo de duda de que comprender la enseñanza como un aprendizaje comporta de una manera muy directa la práctica del diálogo. El diálogo permite la interacción afectiva y efectiva entre el sujeto docente y el sujeto discente, interacción que permite que el conocimiento se vaya construyendo entre ambos, en "un inducirse mutuamente a aprender",[108] porque solo estamos en condición de transmitir, en tanto y en cuanto podamos aprender, es decir, si en el mismo acto de la transmisión se da la transformación interior de quien transmite algo.

Este proceso de transmisión, para superar la mera calificación de *flatus vocis* propia del "funcionalismo" y de la "especialización" como formas de pensamiento fragmentarias y mezquinas de la existencia humana, reclama una categoría didáctica fundamental que es el testimonio, es decir, aunar en un mismo acto ser, decir y hacer. Enseñar, ser, aprender, decir son las calidades del transmisor-testimonio

---

[108] Heidegger, M (1935), "La pregunta por la cosa", *Curso sobre metafísica*, Friburgo, 1935.

que encuentran su punto de partida y su fundamentación en la convicción. Razón tenía el genial Balzac[109]:

> ¡Tener convicciones, por Dios, qué escalofriante orgía! Una convicción política o literaria es como una amante que acaba por mataros con la espada o con la lengua. Observad el rostro de un hombre inspirado por una fuerte convicción: está radiante.

5. Educación permanente

El concepto de educación permanente o desarrollo personal que se va precisando cada vez más en los últimos tiempos se constituye como una respuesta a las exigencias que plantean las nuevas condiciones del hombre. Sin embargo, la idea no es nueva. El ser humano, voluntariamente o no, no cesa de instruirse y formarse a lo largo de toda su vida. Lo hace como respuesta necesaria a los cambios que se suscitan en su entorno y que requieren modelar su comportamiento, modificando ideas, creencias, costumbres, conocimientos.

La educación, desde sus raíces, ha planteado esta problemática, pero se requirieron siglos para revalorizar su significado, propósitos y alcances. Por otra parte, permite abordar temas que hasta hace algunos años no se constituían en preocupación de la pedagogía.

En la actualidad, el término educación permanente o desarrollo personal tiende a designar el conjunto del hecho educativo. Se trata de una visión integral capaz de incorporar la educación a los requerimientos del momento histórico y de la perspectiva del nuevo siglo. "Facilitar el crecimiento del conocimiento que los docentes tienen

---

[109] De Balzac, Honoré (1977), *Obras completas*, Buenos Aires, Centro Editor de América Latina.

y usan" (Wallace y Louden, 1992). En otras palabras, el logro de los objetivos de cambio reclama "un proceso de aprendizaje más que un proceso de diseño e ingeniería" (Thompson y Zeuli, 1999). Necesita de estrategias múltiples para así promover cambios en el conocimiento y las creencias de los docentes. En consonancia con Luis Duch, (1997):[110] "Proponer una antropología de las transmisiones sólo podrá tener sentido si se conciben las distintas fases de la existencia del ser humano".

Definir la educación como proceso permanente implica concebir por una parte la posibilidad de aprendizaje en todas las etapas de la vida: niñez, adultez, tercera y cuarta edad. Pero para que esto ocurra, el ser humano ha de mantenerse constantemente y con plena conciencia, *in statu viae*, como un aprendiz permanente, y hasta el momento postrero, como lo declara Almafuerte: "[...] todos los incurables tienen cura / cinco segundos antes de la muerte [...]".

En esa línea de pensamiento, resulta muy sugerente la afirmación de Gastón Bachelard, según la cual "el hombre no es fruto de la necesidad, sino del deseo". Pero para que el deseo humano permanezca siempre deseo, el ser humano debe permanecer como alguien que, de acuerdo con la feliz expresión de San Agustín, posee un *cor inquietum*. Y por otra parte, tomar conciencia de que se aprende a través de distintos agentes y agencias además de la escuela.

Actualmente, educación y escolarización no son sinónimas. De hecho, la educación formal se ha desarrollado adaptándose a los requerimientos de la sociedad. Los objetivos específicos, contenidos y metodologías logran aprendizajes más efectivos y con mayor excelencia, permitiendo

---

[110] Duch, L (1997), *La educación y la crisis de la posmodernidad*, Barcelona, Ecuador, Paidós.

que las personas se formen en el parasistema de modo de cubrir las demandas reales del mundo laboral.

Con este enfoque, vale preguntarse: ¿quién prepara para la actividad física? ¿Quién prepara para asumir la actividad física como inherente a uno mismo?

El sistema educativo formal apunta con sus objetivos al logro de personas capaces de insertarse en el mundo productivo. Más allá de evaluar la eficiencia en el cumplimiento de esos objetivos, nos preocupan en este caso aquellos que no están contemplados por el sistema.

Por otra parte, las estructuras pedagógicas no formales que intentan complementar la escuela refuerzan en ocasiones aquello que teóricamente no comparten. De hecho, no todas las propuestas y opciones de actividad física persiguen la toma de conciencia de la inherencia a la vida de la actividad física y brindan instrumentos para aprender a utilizarla como forma o modo de andar la vida.

Ahora bien, todas las investigaciones sobre el aprendizaje refuerzan los siguientes conceptos:

- aprender es sinónimo de proceso y se puede desarrollar a lo largo de la vida "como un proceso discente ininterrumpido";[111]
- el aprendizaje es inherente al ser humano como tal y en todas sus áreas de conducta: cognitiva, afectiva, social y motora.

El ser humano no nace sabiendo el modo en que puede utilizar el movimiento. Nace solo con impulsos motores, la educación debe direccionarlos, no estorbarlos. A este respecto, es esclarecedora la anécdota del psiquiatra Milton Eriksson, que cuenta que cuando era niño, un día se encontró un caballo y anduvo cinco millas por el camino, después de las cuales el caballo entró en una granja. El

---

[111] Ibíd.

granjero, sorprendido, preguntó: "¿Cómo has sabido llegar?". Y Eriksson respondió: "Yo no sabía, era el caballo el que sabía. Lo único que yo he hecho ha sido mantenerle en camino". Ese debe ser el rol de la educación cuando se practica correctamente, lo único que hace es colocar permanentemente a la persona en contacto con su modelo interior. Estas nociones las va aprendiendo a través de todas las estructuras de acogida por las que transita (familia, escuela, organizaciones laborales, etc.) y por múltiples medios que le envían mensajes y que son mensajes en sí mismo.[112] Su conducta se va modelando en torno a los valores e ideas vigentes de su contexto, y dentro de ella, también se gesta y desarrolla, más que una concepción de la actividad física, una forma o modo de andar en el mundo.

El modo en el que cada persona encara este tema es producto de un aprendizaje, sea o no consciente de ello. Es válido agregar que también se puede reaprender y/o desaprender, desapegándose de ideas, conceptos o actitudes que obstaculizan nuestro crecimiento, y esto también puede darse en cualquier etapa de la vida.

6. ¿Qué papel tiene la escuela?

La escuela es uno de los ámbitos donde el hombre desarrolla su proceso educativo. Pasa un número importante de años y de horas diarias de vida. De esos años, muchos pertenecen a la infancia, etapa que de acuerdo con D'Amours (1988)[113] constituye los períodos más importantes de vida en cuanto a la adquisición de comportamientos y hábitos. Hahn (1988), a su vez, indica que durante "la infan-

---

[112] Ver Mc Luhan, M. (1964), *Comprender los medios de comunicación,* s/r.
[113] D'Amours, Y. (1988), *Activité physique: santé et maladie*, Québec, Biblioteca Nacional de Québec, Ed. Québec / Amerique.

cia se desarrollan las primeras tendencias a determinados comportamientos, concentrándose luego en intereses que durante la adolescencia se pueden convertir en categorías de valor decisivas para la vida futura".

Si el objetivo es educar personas, se deberá tener en cuenta que el movimiento, la actividad física y el juego, entendidos como inherentes a la vida y como expresiones de libertad, son partes ineludibles de la acción educativa. La escuela puede y debe generar acciones que fomenten el aprendizaje de los modos de utilizar el movimiento, no ya como imprescindible medio para la apropiación de la naturaleza, ni mucho menos para sobrevivir en la lucha por la energía libre, sino solo porque el cuerpo, con palabras de Paul Valèry, es *el órgano de lo posible*.

Estos aprendizajes se centran en:

- "Re-despertar" (no estorbar) el gusto por el movimiento corporal,[114] y mientras sea considerado necesidad humana básica, aprender a disfrutar del placer de su satisfacción.
- Re-descubrir el movimiento como dimensión substancial en la persona, como dato inmediato.[115]

---

[114] Entendiendo por ello el placer y la fruición que produce el acto mismo de hacer movimientos en contraposición al movimiento usado como medio para alcanzar un fin, sea afán de rendimiento –*citius, altius, fortius*–, sea exaltación de la salud. Al respecto, la cita de Eduardo Galeano es significativa: "La ciencia dice: el cuerpo es una máquina; la publicidad dice: el cuerpo es un negocio; el cuerpo dice: yo soy una fiesta". Citado por Sassano, Miguel, *El cuerpo como eje transversal*.

[115] "El movimiento, como dato inmediato que traduce el modo de reacción organizado de un cuerpo situado en el mundo, adquiere sentido cuando la expresión motriz de la conducta es comprendida en sus relaciones con la conducta del ser tomado en su totalidad. Esta observación desdeña totalmente aspectos de la ciencia del movimiento centrado en el rendimiento motor, que tiende a hacer del cuerpo humano un objeto útil para la sociedad y crea una forma de alienación que compromete la unidad de la persona". Le Boulch, Jean (1982), *Hacia una ciencia del movimiento humano*, Buenos Aires, Paidós.

- Es imperativo mostrarlo en su rol vital-pedagógico.[116]

Preparar para la actividad física significa no solo incorporar en la escuela objetivos operativos y contenidos específicos para el logro de este planteo, sino que es necesario que la transmisión de estas premisas de vida se realicen a través del propio modelo que brinda el maestro, dado que la forma o modo de andar, de moverse, "de utilizar el cuerpo", es básicamente una actitud de vida. Todos acordamos en que las actitudes no se recitan ni se declaman. Las actitudes nos trascienden a través de lo que somos como personas. "La acción nos descubre", proclamaba Montaigne. "Mi vida es mi mensaje", respondía Mahatma Gandhi cuando le preguntaban. Sin embargo, y sin temor a ser reiterativo, lo fundamental es la visión que del cosmos tenga ese maestro. Una concepción no lineal, holística, integral, compleja, ecológica, del mundo, que privilegie los procesos de síntesis por sobre los de análisis, es la base epistemológica imprescindible para que las transmisiones alcancen todas las dimensiones substanciales en aras de obtener un correcto adiestramiento en el arte de vivir. La pregunta es, parafraseando a Lluis Duch, si seremos capaces de articular y conjugar armoniosa e inseparablemente los lenguajes de la ciencia (*scientia*) y los de la sabiduría

---

[116] Entendiendo por vital como la indisoluble y recursiva unión entre movimiento y vida y descubriendo su función pedagógica al recordarnos como seres encarnados en la naturaleza (para ampliar, Morin, E., *El método: la vida de la vida*, Madrid, Cátedra, 1997). Entendiendo por "pedagógico" que el movimiento como actividad humana es inteligente. Dice Barbara Knapp al tratar en profundidad un tema tan aparentemente mecánico como la habilidad en el deporte: "Debe recordarse que las habilidades son sensomotrices y que, por tanto, la información procedente de los órganos sensoriales y las ordenes provenientes del cerebro tienen, en lo que a la habilidad se refiere, tanta importancia como el aspecto motor". Entendiendo por discurso áulico el discurso sutil, implícito u oculto que desdeña contenidos para sustituirlos por otro tanto como los invalida. Cazden Courtney (s/r), *El discurso en el aula*, Buenos Aires, Paidós.

(*sapientia*), lo cual en la práctica significa plantearse la cuestión de si osaremos ser testimonios en medio de la vida cotidiana. Aquí se concreta, según nuestro parecer, el centro neurálgico de la cuestión pedagógica en esta época de comienzos de siglo, que es la nuestra.

BIBLIOGRAFÍA

ACHILLI, E. (1992), *La investigación antropológica en las sociedades complejas. Una aproximación a interrogantes metodológicos,* Rosario, Servicio de Publicaciones de la Facultad de Humanidades y Artes, Universidad Nacional de Rosario.
AJURIAGUERRA, J. (1973), *Manual de psiquiatría infantil,* Barcelona, Toray Mason.
ALHEIM, K. (1980), *Wie funktioniert das? Schlank, fit, gesund,* Bibliographisches Institut Mannheim, Mannheim, Meyers Lexikonverlag.
ANDER EGG, E. (1987), *Formas de alienación en la sociedad burguesa,* Buenos Aires, Humanitas.
ANDER EGG, E. (1995), *Un puente entre la escuela y la vida,* Buenos Aires, Magisterio del Río de la Plata.
ANDER EGG, E. (1998), *Educación y prospectiva,* Buenos Aires, Magisterio del Río de la Plata.
ANDERSON, S. B. et ál. (1968), *The Profession and Practice of Program Evaluation,* San Francisco, Jossey-Bass.
APPLE, M. (1987), "Will the Social Context Allow A Tomorrow for Tomorrow's Teachers", *Teacher College Record,* vol. 88, núm. 3.
ARTILES, A. (1998), "La evaluación de los procesos de pensamiento de los maestros en contextos urbanos. Un estudio de caso en escuelas primarias de Guatemala", *Revista Electrónica de Investigación y Evaluación Educativa,* vol. 4, núm. 1-2.
AUCOUTURIER, B.; DARRAULT, I. y EMPINET, J. (1985), *La práctica psicomotriz. Reeducación y terapia,* Barcelona, Científico Médica.

BALL, D. y COHEN, D. (1999), "Developing Practice, Developing Practitioners: Toward a Practice-Based Theory of Professional Education", en G. Sykes y L. Darling-Hammond (eds.), *Teaching as the Learning Profession: Handbook of Policy and Practice*, San Francisco, Jossey Bas.

BALZAC, H. (1977), *Obras completas*, Buenos Aires, Centro Editor de América Latina.

BARKER, F. (1994), *Cuerpo y temblor*, Buenos Aires, Per Abbat.

BARQUIN, J. (1998), *La Investigación sobre el profesorado. Estado de la cuestión en España*, España, Departamento de Didáctica y Organización Escolar, Universidad de Málaga.

BARTLET, F. (1932), *Remembering: A Study in Experimental and Social Psychology*, Cambridge, Cambridge University Press.

BAUCH, P. (1984), "The Impact of Teacher's Instructional Beliefs on Their Teaching: Implications for Research and Practice", *paper* presentado en la reunión anual de la AERA.

BEIJAARD, D. y VERLOOP, N. (2004), "Reconsidering Research on Teacher's Professional Identity", *Teacher and Teaching Education*, núm. 20, pp. 107-128.

BEREITER, C. y SCARDAMALIA, M. (1993), *Surpassing Ourselves: An Inquiry into the Nature and Implications of Expertise*, Chicago, Chicago Open Court.

BERGER, P. y LUCKMANN, T. (1984), *La construcción social de la realidad*, Buenos Aires, Amorrortu.

BERLAK, H. y BERLAK, A. (1981), *Dilemmas of schooling: Teaching and social change*, Nueva York, Meuthen.

BERNARDINO PIÑEIRA, C. (1993), *El reencantamiento de la vida*, Chile, Los Andes.

BOHM, D. (1988), *La totalidad y el orden implicado*, Barcelona, Kairós.

BOHM, D. (1999), *Sobre el diálogo*, Barcelona, Kairós.
Boletín de la Oficina Sanitaria Panamericana (1995), vol. 5, núm. 119.
BOUCHARD, C.; SHEPARD, R. J.; STEPHENS, T.; SUTTON, J. R. y MCPHERSON, B. D. (eds.) (1990), *Exercise, Fitness and Health: A Consensus of Current Knowledge*, Champain, Human Kinetics.
BOUET, M. (1969), *Les motivations des sportif*, París, Editions Universitaires.
BOURDIEU, P. (1971), *El sentido práctico*, Madrid, Taurus.
BOURDIEU, P. (1991), *Lenguaje y poder simbólico*, Cambridge, CUP.
BRASLAVSKY, B. (1992), *La escuela puede: una perspectiva didáctica*, Buenos Aires, Aique.
BRICKHOUSE, N. W. (1990), "Teacher Beliefs about the Nature of Science and their Relationship to Classroom Practices", *Journal of Teacher Education*, vol. 3, núm. 41.
BRIGGS, J. y PEAT, F. D. (1999), *Las siete leyes del caos*, Barcelona, Grijalbo.
BROME, R. y BROPHY, J. (1984), "Teacher's Cognitive Activity", Institut für didaktik der Mathematik der Universität Bielefeld, Ocassional Paper, núm. 32.
BROPHY, J. E. y GOODS, T. (1983), *Psicología educacional*, Madrid, McGraw Hill / Interamericana.
BRÜGGMAN, E. (1968), *Rehabilitation einmal jährlich oder eins bis zweimal wöchentlich?*, Münch, Med.Wschr. 110.
BRUNER, J. (1997), *La educación, puerta de la cultura*, Madrid, Visor, col. Aprendizaje.
BRUNNER, D. y MANELIS, G. (1960), *Myocardial Infarction among Members of Communal Settlements in Israel*, Lancet II.
BUENDIA EISMAN, L.; COLAS, P. y HERNÁNDEZ, F. (1998), *Métodos de investigación en psicopedagogía*, Madrid, McGraw-Hill.

CAGIGAL, J (1981), *Oh... deporte, anatomía de un gigante,* Valladolid, Minon.

CAGIGAL, J. (1981), "Deporte y educación permanente", Primer Congreso Internacional de Ciencias Aplicadas al Deporte, Córdoba.

CAPPRA, F. (1982), *El punto crucial,* Buenos Aires, Troquel.

CAPPRA, F. (1997), *El tao de la física,* Málaga, Sirio.

CAPPRA, F. (2000), *La trama de la vida,* Barcelona, Anagrama.

CARLSON, R. y SHIELD, B. (1993), *La nueva salud,* Buenos Aires, Troquel.

CARROL, J. (1963), "A Model of School Learning", *Teachers College Record.*

CARTER, K. (1990), "Teachers' Knowledge and Learning to Teach", en R. Houston (ed.), *Handbook of Reasearch on Teacher Education,* New York, Macmillam.

CAZDEN COURTNEY, B. (1980), "El discurso del aula", en *La investigación de la enseñanza,* Barcelona, Paidós.

CHALMERS, A. (1999), *¿Qué es esa cosa llamada ciencia?,* Madrid, Siglo XXI.

CHOKLER, M. (1988), *Los organizadores del desarrollo psicomotor,* Buenos Aires, Cinco.

CHOPRA, D. (1987), *Como crear salud,* Barcelona, Grijalbo.

CICERÓN, M. (1962), *Obras completas,* Madrid, Espada.

CLANDININ, D. (1986), *Classroom Practice: Teacher Images in Action,* Philadelphia, The Falmer Press.

CLAPARÈDE, E. (1933), "La psicología funcional", *Revista de pedagogía,* año. XII, núm. 135.

CLARK, C y ELMORE, J. (1981), *Transforming Curriculum in Mathematics, Sciences, and Writing: A Case Study of Teacher early Planning,* ERIC ED 205.500.

CLARK, C. (1978-1979), "A New Questions for Research on Teaching", *Educational Research Quarterly,* año 3, núm. 79.

CLARK, C. M. y LAMPERT, M. (1985), "What Knowledge is of Most Worth to Teachers? Insights from Studies of Teacher Thinking", Occasional Paper, núm. 86, East Lansing, Michigan State University, Institute for Research on Teaching.

CLARK, C. y LAMPERT, M. (1986), "The Study of Teacher Thinking: Implications for Teacher Education", *Journal of Teacher Education,* año 5, núm. 37.

CLARK, C. y PETERSON, P. (1985), "Teachers' Thought Process'", en WITTROCK, C. M. (ed.), *Handbook of Research on Teaching,* Third Edition, Nueva York, Macmillan.

CLARK, C. y YINGER, R. (1979), *Three Studies of Teacher Planning,* East Lansing, Institute for Research on Teaching, Michigan State University, Research Series núm. 55.

COLQUHOUN, D. (1990), "Imagen and Healthism in Health Based Physical Education", en David Kirk y Richard Tinning (eds.), *Physical Education, Curriculum and Culture,* Londres, Falmers.

CONNELLY, F. y Clandinin, D. (1984), "Personal Practica Knowledge at Bay Street School: Ritual, Personal, Philosophy Image", en Halkes, R. y Olson, J., *Teacher Thinking. A New Perspective on Persisting Problems in Education,* Ámsterdam, Swets and Zeitlinger.

CONTRERAS, D. (1988), "De estudiante a profesor: socialización y aprendizaje en las prácticas de la enseñanza", *Revista de Educación,* Madrid.

CRAWFORD, R. (1987), "Cultural Incidence on Prevention and the Emergence of a New Health Consciousness", en Weinstein (eds.), *Taking Care: Understanding and Encouraging Self Protective Behaviours,* Massachusetts, Cambridge University Press.

CRONBACH, L. y SNOW, R. (1981), *Aptitudes and Instructional Methods: A Handbook for Research on Interactions,* Nueva York, Irvington.

CURETON, K. J. (1987), "Commentary on 'Children and Fitness: A Public Health Perspective", *Research Quarterly for Exercise and Sport,* núm. 58, pp. 315-320.

D'AMOURS, Y. (1988), *Activité physique: santé et maladie,* Cánada, Québec / Amerique.

DAMASIO, A. (1994), *El error de Descartes,* Chile, Andrés Bello.

DARÓ, D. (1996), *Historia de la escuela,* núm. 262, Armstrong, impresión particular.

DAWBER, T. R.; KANNEL, W. y FRIEDMAN, G. (1966), Vital Capacity, Physical Activity and Coronary Heart Disease, en Raab, W. (ed.), *Prevention of Ischemic Heart Disease: Principles and Practice,* Springfield / III.

DE VEGA, M. (1984), *Introducción a la Psicología Cognitiva,* Madrid, Alianza.

DECROLY, O. (1927), "La función de la socialización y la enseñanza", *Revista de Pedagogía,* año VI, núm. 67.

DEVIS DEVIS, J. y Peiró Velert, C. (2000), *Actividad física, deporte y salud,* Barcelona, Inde Publicaciones.

DEWEY, J. (1931), "Mi credo pedagógico", *Revista de Pedagogía,* s/r.

DEWEY, J. (1934), *Art as Experience,* Nueva York, Minton.

DEWEY, J. (1995), *Democracia y educación,* Madrid, Morata.

DIENES, Z. y PERNER, J. (1977), *Implicit Cognition,* Oxford, Oxford University Press.

DILTHEY, W. (1978), *Psicología y teoría del conocimiento,* trad. de E. Imaz, México, Fondo de Cultura Económica.

DILTS, R. et. ál. (1990), *Cómo cambiar las creencias con la PNL,* España, Sirio.

Diseño Curricular Jurisdiccional del Primer Ciclo de la Enseñanza General Básica de la Provincia de Santa

Fe (2001), Ministerio de Educación de la provincia de Santa Fe.

DOYLE, W. (1977), "Learning the Classroom Environment: An Ecological Analysis", *Journal of Teacher Education*, vol. 28, núm. 6.

DOYLE, W. (1990), "Temas en la investigación pedagógica", en Houston, W. R. (ed.), *Manual de investigación en formación del profesorado*, Nueva York, MacMillan.

DUCH, L. (1997), *La educación y la crisis de la modernidad*, Barcelona, Paidós-Educador.

DUCQROCQ, A. (1978), *La novela de la humanidad*, Barcelona, Plaza y Janés.

DUFFE, L. y AIKENHEAD, G. (1992), "Curriculum Change, Student Evaluation, and Teacher Practical Knowledge", *Science Education*, vol. 5, núm. 76.

DUMAZEDIER, J. (1968), *El hombre y el ocio en 1985 en la civilización del ocio*, España, Guadarrama.

DURAN PIZAÑA, E. (en línea), "Las creencias: un asunto para la reflexión". Disponible en línea: http://www.sepyc.gob.mx/IVcongreso (consultado el 29 de octubre de 2001).

DURKHEIM, E. (1995), *Las formas elementales de la vida religiosa*, trad. de Karen Campos, s/r.

ELBAZ, F. (1983), *Teacher Thinking. A Study of Practical Knowledge*, London, Croom Helm.

ELBAZ, F. (1998), *The Teacher's Practical Knowledge: A case Study*, Toronto, Universidad de Toronto.

ELLIOT, J. (2000), *La investigación acción en la educación*, Madrid, Morata.

EMMANUELLE, E. (1998), *Educación, salud y discurso pedagógico*, Buenos Aires, Novedades Educativas.

ENGELS, F. (1971), *El origen de la familia, la propiedad privada y del estado*, España, Fundamentos.

EPP, J. (1986), *Lograr la salud para todos, un marco para la promoción de la salud*, Canadá, Health Canada.

ERAUT, M. (1994), *Developing Professional Knowledge and Competence,* Londres, Falmer.

ERICKSON, F. (1986), "Qualitative Methods in Research on Teaching", en Wittrock, M. (ed.), *The Handbook of Research on Teaching,* Nueva York, Macmillan.

ESCUDERO MUÑOZ, J. M. (1980), *La eficacia docente: estudios correlacionales y experimentales en la investigación pedagógica y la formación del profesorado 207 y 235,* Madrid, Instituto San José Calasanz.

FARR, R. M. y MOSCOVICI, S. (1984), *Social Representation,* Cambridge, Cambridge University Press.

FARRALLY, M. R.; WATKINS, J. y ERWING, B. G. (1980), *The Physical Fitness of Schoolboys Aged 13, 15 y 17 Years,* Glasgow, Jordan Hill College of Education.

FEATHERSTONE, M. (1982), *The Body: Social Process and Cultural Theory,* Londres, Sage.

FENTEM, P. H.; BASSEY, E. y TURNBULL, N. B. (1988), *The New Case for Exercise,* London, The Sports Council and the Health Education Authority.

FERNSTERMACHER, G. (1980), *What Needs to be Know about what Teachers Need to Know?,* Austin, Research and Development Center for Teacher Education.

FERRIERE, A. (1930), *Problemas de educación nueva,* Madrid, Francisco Beltrán.

FEYERABEND, P. (1974), *Contra el método,* Barcelona, Ariel.

FLÁVIA, M. (1983), "Estrategias quantitativas e qualitativas de perquisa educaional: da acao a observacao participante", *Educacao e realidade,* vol. 2, núm. 8, Puerto Alegre, Universidade Federal do Rio Grande do Sul.

FOUCAULT, M. (1976), *Vigilar y castigar,* Colombia, Siglo XXI.

FOX, S. M. y HASKELL, W. L. (1967), "Population Staudy", *Canad. Med. Ass. Journal,* núm. 96.

FRAILE, A. (1995), *El maestro de Educación Física y su desarrollo profesional,* Salamanca, Amaru.

FREINET, C. (1998), *Técnica Freinet de la escuela moderna*, España, Siglo XXI.
FREIRE, P. e ILLICH, I. (1985), *La educación*, Buenos Aires, Búsqueda.
FRIEDMANN, G. (1963), *Le travail en miettes*, París, Gallimard Idées NRF.
FROMM, E. (1956), *Psicoanálisis de la sociedad contemporánea*, México, Fondo de Cultura Económica.
GAGE, L. N. (1979), *A Reexaminations of Paradigms for Research on Teaching*, Stanford, California, Stanford University Center for Educational Research.
GAGE, N. (1979), *The Scientific Basis of the Arts of Teaching*, Nueva York, Teacher College Press, Universidad de Columbia.
GALBRAITH, J. K. (1984), *La sociedad opulenta*, Barcelona, Planeta Agostini.
GARCÍA GUADILLA, C. (1987), *Producción y transferencia de paradigmas teóricos en la investigación socioeducativas*, Caracas, Fondo Editorial Trópicos.
GARCÍA, C. (1998), *El pensamiento del profesor*, Barcelona, CEAC.
GARDNER, H. (1991), *Inteligencias múltiples*, México, NV ediciones.
GEERTZ, C. (1995), *La interpretación de las culturas*, Barcelona, Gedisa.
GETZEL, J. y JACKSON, P. (1963), *Creativity and Intelligence*, Londres, Wiley.
GIROUX, H. (ed.) (1981), *Curriculum and Instruction: Alternatives in Education*, Berkeley, McCutchan.
GOETZ, J. P. y LECOMPTE, M. D. (1988), *Etnografía y diseño cualitativo en investigación educativa*, s/r.
GRIMMETT, P. P. y MACKINNON, A. M. (1992), "Craft Knowledge and the Education of Teachers", *Review of Research in Education*, núm. 18.

GUARDINI, R. (1963), *Mundo y persona,* España, Guadarrama.
GUBA, E. G. (1983), "Criterios de credibilidad en la investigación naturalista", en Gimeno Sacristán y A. J. Pérez Gómez (ed.), *La enseñanza, la teoría y su práctica,* Madrid, Akal.
GUBER, R. (1991), *El salvaje metropolitano,* Buenos Aires, Gedisa.
GUBER, R. y DÍAZ, R. (1988), "El sentido de lo rural en grupos sociales urbanos", en *Revista Cuadernos,* núm. 11, Buenos Aires, Instituto Nacional de Antropología.
GURIDI, J. (1994), comunicación personal del autor, s/r.
GUTIÉRREZ, B. L. (2002), *Paradigmas cuantitativo y cualitativo en la investigación socioeducativa: proyección y reflexiones,* México, Instituto Pedagógico Rural El Macaro.
GUYOT, V. et ál. (1992), *Poder saber la educación,* Buenos Aires, Lugar.
GYTELBERG, F. (1973), "Physical Fitness and Coronary Heart Disease in Copenhagen Men Aged 40-59", *I u. III Danish Med. Bull,* núm. 20 y 21.
HAMMERSLEY, M. y ATKINSON, P. (1994), *Etnografía. Métodos de investigación,* España, Paidós.
HANDAL, G. y LAUVAS, P. (1987), *Promoting Reflective Teaching: Supervision in Action,* London, Open University Press.
HANEY, J.; CZERNIAK, C. y LUMPE, A. (1996), "Teacher Beliefs and Intentions Regarding the Implementation of Science Education Reform Strands", *Journal of Research in Science Teaching,* núm. 33.
HEIDDEGER, M. (2003), *Introducción a la metafísica,* Barcelona, Gedisa.
HERKOVITZ, M. (1969), *El hombre y sus obras,* México, Fondo de Cultura Económica.

HERNÁNDEZ, I. et ál. (1985), *Saber popular y educación en América Latina*, Buenos Aires, Búsqueda.
HOLLMANN, W.; LIESEN, W.; ROST, R.; HECK, H.; MADER, A.; DUFAUX, B.; SCHÜRCH, P. y LÄGERSTROM, D. (1980), "Forschungsergebnises des Institut fúr Kreislaufforschung und Sportmedizin del Deutschen Sporthochschule Köln in der Zeit von 1970 bis 1978", *Therapiewoche*, 30.
HOWLEY, E. y FRANK, D. (1995), *Manual del técnico en salud y fitness*, Barcelona, Paidotribo.
HUIZINGA, J. (1951), *Homo ludens*, México, Fondo de Cultura Económica.
HULING, L. y JOHNSON, W. L. (1983), "A Strategy for Helping Teacher Integrate Research into Teaching", *Teacher Education*, núm. 19.
ILLICH, I. (1981), "La pobreza planificada", *Revista Bicicleta Nave*, año 12, núm. 2, cedida por Barbanegra, extraído de la revista *Mutantia*.
ILLICH, I. (1985), *Energía y equidad, desempleo creador*, México, Joaquín Mortiz / Planeta.
JACKSON, P. (1994), *La vida en las aulas*, Madrid, Morata.
JASPER, K. (1953), *Introducción a la filosofía*, trad. E. B. Ashton, Chicago, University of Chicago Press.
JURJO TORRES, S. (1994), *La desmotivación del profesorado*, Madrid, Morata.
KAGAN, D. (1990), "Ways of Evaluating Teacher Cognition: Inferences Concerning the Goldilocks Principle", *Review of Educational Research*, vol. 3, núm. 60.
KANNEL, W. B. (1967), "Habitual Level of Physical Activity and Risk on Coronary Heart Disease. The Frammington Study", *Canad. Med. Ass. Journal*, núm. 96.
KARVONEN, M. J. (1966), "The Relationship of Habitual Physical Activity to Disease in the Cardiovascular System", en Von Evang, K. y Lange-Andersen (eds.),

Physical Activity in Health and Disease, Oslo, Universitetsforlaget.
KELLY, G. (2001), *Psicología de los constructos personales,* Barcelona, Paidós.
KEMMIS, S. (1993), *El curriculum más allá de la teoría de la reproducción,* Buenos Aires, Morata.
KEUL, J. y BERG. A. (1980), *Körperliche Aktivität bei Gesunden und Koronarkranken,* Köln, Gerhard Wizstrock.
KHALTAEV, N. (1991), "Inter-salud contra las enfermedades de la civilización", *Revista Salud Mundial,* Ginebra.
KICKBUSCH, I. (1996), *El autocuidado en la promoción de la salud. Promoción de la salud, una antología,* Washington, OPS.
KIRK, D. (1990), *Educación Física y curriculum,* Valencia, Universidad de Valencia.
KIRK, D. y COLQUHOUN, D. (1989), "Healthism and Physical Education", *British Journal of Sociology of Education,* núm. 10.
KLEIN, M. (1968), *Les racines infantiles du monde adulte. Envie et gratitude et autres essais,* París, Gallimard.
KLEIN, M. (1975), *Psicanalise da criança,* San Pablo, Mestre Jou.
KLEIN, W. W. (1974), "Hochdruck, nikotin, körperliche inaktivitäd und stress als Risikofaktoren des Herzinfarktes", *Wiener med. Wschr.,* núm. 124.
KOTTAK, P. C. (1979), *Antropología,* España, Mc Graw Hill.
KOTTAK, P. y CONRAD, P. (1994), *Antropología, una exploración de la diversidad humana con temas de la cultura hispánica,* Madrid, Mc Graw Hill.
KUNDERA, M. (1995), *La lentitud,* Barcelona, Tusquets.
LABONTE, R. (1996), *Estrategias para la promoción de la salud en la comunidad, Promoción de la salud: una antología,* Washington, OPS.
LAGERSTRÖM, D. (1992), "Gehen, stehen und laufen", en Binkowsky, H. y Halhuber, G., *Kleine Schriftenrehie*

des deutschen verbandes für gesundheitssport, Band 3, Öhringen, Speh Druck.
LALONDE, M. (1996), *El campo de la salud: una perspectiva canadiense. Promoción de la salud: una antología*, Washington, OPS.
LANDMANN, M. (1971), *Das Ende des Individuums*, Stuttgart, Anthropologische Skizzen.
LANTZ, O. y KASS, H. (1987), "Chemistry Teachers' Functional Paradigms", *Science Education*, núm. 71.
LAPIERRE, A. (1977), *Educación psicomotriz en la Escuela Maternal. Una experiencia con los pequeños*, Barcelona, Científico Médica.
LEBOULCH, J. (1982), *Hacia una ciencia del movimiento humano*, Buenos Aires, Paidós.
LECOMPTE, M. D. (1995), "Un matrimonio conveniente: diseño de investigación cualitativa y estándares para la evaluación de programas", *Revista Electrónica de Investigación y Evaluación Educativa*, vol. 1, núm. 1.
LECOMPTE, M. y PREISSLE, J. (1993), *Ethnography and Qualitative Design in Educational Research*, London, Academic Press Inc.
LINCOLN, Y. S. y GUBA, E. G. (1985), *Naturalistic Inquiry*, Beverly Hill, Sage.
LINS RIBEIRO, G. (1992), *Descotidianiza: extrañamiento y conciencia práctica: un ensayo sobre la perspectiva antropológica*, Brasilia, Universidade de Brasilia.
LIZARRAGA PORTILLO, M. (2001), "El orden escolar: entre normas, disciplinamientos y miedos. La cotidianidad de la práctica docente en escuelas de educación básica de Sinaloa", México, IV Congreso Estatal de Investigación Educativa.
LORES ARNAIZ, M. (1986), *Hacia una epistemología de las ciencias humanas*, Buenos Aires, De Belgrano.
LOWYCK, J (1986), "Pensamientos del profesor, una contribución al análisis de la complejidad de la enseñanza",

Sevilla, I Congreso Internacional del Pensamiento del Profesor.
MAGRASSI G.; MAYA, M. y FRIGERIO, A. (1982), *Cultura y civilización desde Sudamérica*, Buenos Aires, Búsqueda y Yuchán.
MAKARENKO, A. (2004), *His Life and Work*, University Press of the Pacific.
MALINOWSKY, B. (1986), *Los Argonautas del Pacífico Occidental*, Barcelona, Planeta Agostini.
MALRAUX, A. (1980), *La condición humana*, Buenos Aires, Troquel.
MANSILLA, A. (1999), *Ideas y creencias en Hume y Ortega*, México, Exégesis, X Aniversario.
MANTOVANI, J. (1983), *La educación y sus tres problemas*, Buenos Aires, El Ateneo.
MARCELO, C. (1987), *El pensamiento del profesor*, Barcelona, CEAC.
MARITAIN, J. (1945), *La educación en este momento crucial*, Buenos Aires, Club de Lectores.
MARTIN, E. et ál. (1983), *El constructivismo en el aula*, Barcelona, Grao.
MARTÍNEZ BONAFE, J. (1989), *Renovación pedagógica y emancipación profesional*, Valencia, Servei publicaciones, Universidad de Valencia.
MARTÍNEZ RODRÍGUEZ, J. B. (1990), *Hacia un enfoque interpretativo de la enseñanza: etnografía y curriculum*, Granada, Servicio de Publicaciones de la Universidad de Granada.
MARX, K. (1971), *El Capital*, libro 1, capítulo VI, Buenos Aires, Signos.
MARX, K. (1975), *Collected Works*, vol. 3, Londres, Lawrence & Wishart.
MARX, K. (1994), *La miseria de la filosofía*, Madrid, EDAF.
MARX, K. y ENGELS, F. (1992), *La cuestión judía y otros escritos*, Barcelona, Planeta-Agostini

MASLOW, A. (1993), *El hombre autorrealizado*, Buenos Aires, Kairós.
MATTURANA, H. (1996), *El árbol del conocimiento*, Madrid, Debate Pensamiento.
MAUSS, M. (1979), *Sociología y antropología*, Madrid, Tecnos.
MC LUHAN, M. (1964), *Comprender los medios de comunicación*, Barcelona, Paidós.
MCCUTCHEON, G. (1980), "How do Elementary School Teacher Plan? The Nature of Planning and Influences on it", *The Elementary School Journal*, núm. 81.
MCLAREN, P. (1986), *Schooling as a Ritual Perfomance*, Boston, Routledge and Paul Kegan.
MEDLEY, D. (1979), "The Effectiveness of Teachers", en Petersen, P. y Walberg, H. (eds.), *Research on Teaching: Concepts, Findings an Implications*, Berkeley, California, McCutchan.
MEINEL, K. y SCHNABEL, G. (1987), *Bewegungslehre Sportmotorik. Abriss ainer theorie der sportlichen Motorik unter pädagogischen Aspekt*, Berlin, Volk u Wissen.
MEINEL, K. y SCHNABEL, G. (1987), *Teoría del movimiento. Síntesis de una teoría de la motricidad deportiva bajo el aspecto pedagógico*, Buenos Aires, Stadium.
MELLEROWICZ, H. (1981), *Training als Mittel der präventiven Medizin*, Erlangen, Perimed-Fachbuch-Verlagsgesellschaft mbH.
MERLAU-PONTY, M. (1957), *Fenomenología de la percepción*, México, Fondo de la Cultura Económica.
MERLEAU-PONTY, M. (1949), *Estructura del comportamiento*, París, PUF.
MILLAS, J. J. (2001), "Trasiego", diario *El País*, Madrid, 2 de febrero de 2001.
MILLER, G. A.; GALANTER, E. y PRIBAM, K. (1960), *Planes y la estructura de la conducta*, Nueva York, Henry Holt.

MILSTEIN, D. y MÉNDEZ, H. (1999), *La escuela en el cuerpo*, Colección Educación crítica y debate, Madrid, Miño y Dávila Editores.
MILTON, T. (1996), *Conceptos de la promoción de la salud: dualidad de la teoría de la salud pública. La promoción de la salud: una antología*, Washington, OPS.
MONAHAN, T. (1989), "Is Fitness Reaching only the Wealthy?", *The Physician and Sportsmedicine*, núm. 17.
MONTAIGNE, M. (1999), *Ensayos escogidos*, México, Edaf.
MONTESSORI, M. (1909), *El método de la pedagogía científica*, Barcelona, Araluce.
MONTOYE, H. J.; VAN HAUSS, W. y NEVAIS, J. (1962), "Longevity and Morbidity of College Athletes: a Seven Years Follow-Up Study", *Journal Sport Med.*, núm. 2.
MORENO, I. (1994), *Todos tenemos tiempo. Nueva práctica del tiempo libre en el siglo XXI*, Buenos Aires, Humanitas.
MORIN, E. (1994), *Introducción al pensamiento complejo*, Barcelona, Gedisa.
MORIN, E. (1997), *El método, la vida de la vida*, Madrid, Cátedra.
MORINE-DERSHIMER, G. (1977), "What's in a Plan. Stated and Unstated Plans for Lessons", *paper* presentado en la reunión anual de la AERA, New York.
MORRIS, J. N.; SHAVE, S. P. W.; ADAM, C.; SIREY, C.; EPSTEIND, C. y SHEEHAN, J., "Vigorous exercise in leisure time and the incidence of coronary heart disease", *Lancet III*.
MORRIS, J. y Collins, M. (1992), *El ejercicio físico y la salud son indisociables*, s/r, Salud Mundial.
MORRISON, G. (2005), *La educación infantil*, Madrid, Pearson.
MUR DE FRENNE, L. et ál. (1997), "Actividad física y ocio en jóvenes, influencia del nivel socioeconómico", *Anales Españoles de Pediatría*, vol. 46, núm. 2.

MYASNIKOW, A. L. (1958), "Influence of Some Factor Son Development on Experimental Cholesterol Atherosclerosis, *Circulation*, núm. 17.

NEGRI, A. y HARDT, M. (2000), *Imperio*, Massachusetts, Harvard University Press.

NISBETT, R. E. y ROSS, L. D. (1980), *Human Inference: Strategies and Shortcomings of Social Judgment. Englewood Cliffs*, Nueva Jersey, Prentice-Hall.

NISBETT, R. E. y WILSON, T. D. (1977), "Telling more than We Know: Verbal Reports on Mental Processes", *Psychological Review*, núm. 84.

NOLLA CAO, N. (1997), "Etnografía: una alternativa más en la investigación pedagógica", *Revista Cubana de Educación Médica Superior*, núm. 11.

NÚÑEZ, C. (1998), *Educar para transformar, transformar para educar*, Buenos Aires, Humanitas.

NUTBEAM, D. (1996), *La evaluación en la educación para la salud, una revisión de sus progresos, posibilidades y problemas. Promoción de la salud: una antología*, Washington, OPS.

OBERG, A. (1984), "Construct Theory as a Framework for Understanding Curriculum Translation", *paper* presentado en la reunión anual de la AERA, Nueva Orleans.

OBERG, A. (1985), "Developing Self Reflective Knowledge of Professional Practice Trough Journal Writing", paper presentado en la reunión anual de la *Canadian Society for the Study of Education*, Guelp, Ontario.

ODUM, H. (1947), *Understanding Society, the Principles of Dynamic Sociology*, Nueva York, Redvil.

OLSON, D. H.; RUSSELL, C. S.; SPRENKEL, D. H. (1980), *Circumplex model of marital and family system*, s/r.

ORTEGA y GASSET, J. (1964), *Ideas y creencias*, Madrid, Espasa-Calpe.

OZOLIN, N. G. (1989), *Sistema contemporáneo de entrenamiento deportivo*, Cuba, Científico Técnica.

PAEZ, D. e INZUA, P. (1991), *Cognición social: procesamiento de la información y representación del mundo social*, Madrid, Visor.

PAFFENBARGER, R. S.; WING, L. y HYDE, R. (1978), "Physical Activity as an Index of Heart Attack Risk in College Alumni", *American Journal of Epidemiology*, núm. 108 y 161.

PARADISE, R. (1979), "Socialización para el trabajo: la interacción maestro alumno en el salón de clase", *Cuadernos de Investigación Educativa*, núm. 5, México, Departamento de Investigaciones Educativas del Centro de Investigación y Estudios Avanzados del Instituto Politécnico Nacional.

PARRA SABAJ, M. E. (1998), "La etnografía de la educación", *Cinta de Moebio*, núm. 3, Facultad de Ciencias Sociales, Universidad de Chile.

PATE, R. R. y BLAIR, S. N. (1978), "Exercise and Prevention of Atherosclerosis: Pediatric Implications", en W. Strong (eds.), *Pediatrics Aspects of Atherosclerosis*, Nueva York, Grune and Statton.

PEIRÓ VELERT, C. (1996), *Nuevas perspectivas curriculares de la educación física, la salud y los juegos modificados*, Barcelona, Inde.

PÉREZ GÓMEZ, A. (1987), "El pensamiento del profesor. Vínculo entre la teoría y la práctica", *Revista de Educación*, núm. 284.

PÉREZ GÓMEZ, A. y SACRISTÁN, J. G. (1983), *La enseñanza: la teoría y su práctica*, Madrid, Akal.

PÉREZ GUTIÉRREZ, F. (1988), *Renan en España*, Madrid, Taurus.

PÉREZ, A. y GIMENO, J. (1998), "Pensamiento y acción en el profesor: de los estudios sobre planificación al pensamiento práctico", *Infancia y Aprendizaje*, núm. 42.

PIETROWICZ, S. (1992), *Helmuth Plessner: Genese und System seines philosophisch-anthropologischen Denkens*, Freiburg, Alber.
PINKER, S. (1977), *How the Mind Works*, Nueva York, Norton.
POSNER, G.; STRIKE, K., HEWSON, P. y GERTZOG, W. (1982), "Accommodation of a Scientific Conception: Toward a Theory of Conceptual Change", *Science Education*, núm. 66.
POWEL, K. E.; THOMPSON, P. D.; CASPERSEN, C. J. y KENDRICK, J. S. (1987), "Physical Activities and the Incidence of Coronary Heart Disease", *Annual Review of Public Health*.
POWEL, K. et. ál. (1996), *Dimensiones de la promoción de la salud aplicadas a la actividad física. Promoción de la salud: una antología*, Washington DC, OPS.
POZO, J. (2001), *Humana mente, el mundo, la conciencia y carne*, España, Morata.
PYÖRÄLÄ, K.; KÄRÄVÄ, R.; PUNSAR, S.; OJA, P.; TERÄSLINNA, P.; PARTANEN, T.; JÄÄSKELÄINEN, M.; PEKKARINEN, M. y KOSKELA, A. (1971), "A Controlled Study of the Effects of 18 Months Physical Training in Sedentary Middle-Aged Men with High Indexes of Risk Relative to Coronary Heart Disease", en VON LARSEN, O. A. y MALMBORG, R. O. (eds.), *Coronary Heart Disease and Physical Fitness*, Munksgaard, Copenhagen.
QUINN, D. (1992), *Ishmael*, Nueva York, Bantam.
RAHNER, H. (1983), *Der spielende Mensch*, Johannes-Verlag, Einsiedeln.
ROBERT, M. A. (1970), *Ethos, Introducción a la antropología social*, Buenos Aires, Eudeba.
ROCHER, G. (1985), *Introducción a la sociología general*, Barcelona, Herder.

ROCKWELL, E. (1985), "Etnografía y teoría de la educación", *Revista Dialogando*, núm. 8, Chile.

ROCKWELL, E. (1997), *La escuela cotidiana*, México, Fondo de Cultura Económica.

ROCKWELL, E. y MERCADO, R. (1986), *La escuela, lugar del trabajo del docente*, México, DIE, CINVESTAV, IPN.

RODRIGO, M. J.; RODRÍGUEZ, A. y MARRERO, J. (1993), *Las teorías implícitas: una aproximación al conocimiento cotidiano*, Madrid, Aprendizaje / Visor.

ROOK, A. (1954), "An Investigation into the Longevity of Cambridge Sportsmen, *British Medical Journal*, núm. 1.

ROSENSHINE, B. y STEVENS, R. (1986), "Teaching Functions", en M. Wittrock (ed.), *Hadnbook for Research on Teaching*, Nueva York, McMillan.

ROST, R. (1991), *Sport und Bewegungstherapie bei Inneren Krankheiten*, Köln, Deutscher Ärzte Verlag.

ROUSSEAU, J. J. (1996), *Emilio o de la educación*, Buenos Aires, Centro Editor de América Latina.

RUIZ BRY, E. (2001), "Menores en riesgo vital y derechos humanos", tesis doctoral en curso, Rosario, UNR.

RUMELHART, E. y ORTONI, A. (1977), "La representación del conocimiento en la memoria", *Infancia y Aprendizaje*, Madrid.

SABULSKY, J. (1996), *Investigación científica en salud y enfermedad*, Córdoba, Kopyfac.

SALAZAR, V. (2001), "Creencias pedagógicas e imagen en las prácticas de enseñanza del futuro profesor", México, IV Congreso Estatal de Investigación Educativa.

SALLIS, J. F. (1987), "A Commentary on Children and Fitness: A Public Health Perspective", *Research Quarterly for Exercise and Sport*, núm. 58.

SALLIS, J. F. y MCKENZIE, T. L. (1991), "Physical Educations' Role in Public Health", *Research Quarterly for Exercise und Sport*, núm. 62.

SAMAJA, J. (2000), *Semiótica y dialéctica. Seguido de la Lógica Breve de Hegel*, Buenos Aires, JVE ediciones.
SAMAJA, J. e YNOUB (s/r), *La investigación social y educativa como componente de la praxis docente*, Buenos Aires, Eudeba.
SANDER, D. P. y MCCUTCHEON, G. (1984), "On the evolution of teachers' theories of action through action research", paper presentado en la reunión anual de la *American Education Research Association*, Nueva Orleans.
SANTANA y GUTIÉRREZ BOROBIA (2001), *Investigación cualitativa*, s/r, Ediciones empresas Orbitas. Disponible en línea: www.orbitas.com/mal/sotre70/index.shtml
SARNA, S.; SAHI, T.; KOSKENVUO, M. y KAPRIO, J. (1993), "Increased Life Expectancy of World Class Male Athletes", *Medicine and Science in Sport and Exercise*, núm. 25.
SARTRE, J. P. (1997), *El existencialismo es un humanismo*, Buenos Aires, Del 80.
SASSANO, M. (1999), *El cuerpo como eje transversal en la escuela*, Buenos Aires, Cuerpo a Cuerpo.
SAVATER, F. (1991), *Ética para Amador*, Barcelona, Ariel.
SCHELER, M. (1960), *La metafísica de la libertad*, Buenos Aires, Nova.
SCHELER, M. (1995), *El puesto del hombre en el cosmos*, Buenos Aires, Losada.
SCHÖN, D. (1999), *The Reflective Practitioner*, s/r, Basic Book Publisher.
SHAPIRO, S.; WEINBLATT, E.; FRANK, C. W. y SAGER, R. V. (1965), "The HIP Study of Incidence an Prognosis of Coronary Heart Disease", *Journal of Chronic Diseases*, núm. 18.
SHAVELSON, R. J. y BORKO, H. (1979), "Research on Teachers' Decisions in Planning Instruction", *Educational Horizons*, núm. 57.

SHAVELSON, R. y STERN, P. (1981), "Research on Teachers' Pedagogical Thoughts, Judgements, Decisions, and Behavior", *Review of Educational Research*, núm. 51.

SHEPPARD, R. J. (1984), "Physical Activities and Wellness of the Child", en R. A Boileau (eds.), *Advances in Pediatric Sport Sciences*, Champaign, Il, Human Kinetics.

SHERMAN, R. y WEBB, R. (1988), *Qualitative research in education. Focues and Methods*, Londres, Falmer.

SIMMONS-MORTONS, B. G.; O'HARA, N. M.; SIMMONS-MORTONS, D. y PARCEL, C. S. (1987), "Children and Fitness: A Public Health Perspective", *Research Quarterly for Exercise and Sport*, núm. 58.

SIMON, A. y BOYER, G. (1974), *Mirrors for behavior III*, Filadelfia, Research for Better School.

SMITH y SENDELBACH (1979), Teacher Intentions for Science Instruction and their Antecedents in Program Materials, San Francisco, trabajo presentado en el congreso anual de la *American Educational Research Association*.

SOUERS, M. (1978), "Decision Making as a Pre-Service Competency in a Elementary Teacher Education Program", en *Teaching and its Relationship to Student Learning*, Improving University Teaching, Four International Conferences, Aachen.

SPARKES, A. C. (1991), "Ethnographic Fiction and Representing the Absent Other", en *Sport Education and Society*, vol. 2, núm 1.

SPINDLER, G. (eds.) (1982), *Doing Ethnography of Schooling*, Nueva York, Holt, Reinhart y Winston.

SPODEK, B. y RUCINSKY, E. (1984), "A Study of Early Childhood Teacher Beliefs: Primary Teachers", *paper* presentado en la reunión anual de la AERA.

SPRANGER, E. (1966), *Cultura y educación*, Barcelona, Espasa-Calpe.

STEIN, A. (1927), *Pestalozzi und die Kantische Philisophie*, Tübingen, Mohr.

STENHOUSE, L. (1982), *The Teachers as a Focus of Research and Development*, Norwich, University of East Anglia.

STENHOUSE, L. (1983), "El profesor como tema de investigación y desarrollo". Disponible en línea: http://www.educacion.gob.es/dctm/revista-de-educacion/articulosre277/re2770300503.pdf?documentId=0901e72b813c3055

STENHOUSE, L. (1993), *La investigación como base de la enseñanza*, Buenos Aires, Morata.

STOLIAROV, V. (1966), *La ciencia del desarrollo*, Montevideo, Pueblos Unidos.

TERCEDOR SÁNCHEZ, P. y FERNÁNDEZ DELGADO, M. (1998), *Actividad física y salud: reflexiones y perspectivas*, Granada, Facultad de Ciencias de la Actividad Física y del Deporte, Universidad de Granada.

TESCH, R. (1984), "Phenomenological Studies: A Critical Analysis of their Nature and Procedures", paper presentado en la reunión anual de la AERA, microfiche.

THAGARD, P. R. (1992), *Conceptual Revolutions*, Princeton, Nueva Jersey, Princeton University Press.

THOMPSON, C. y ZEULI, J. (1999), "The Frame and the Tapestry", en L. Darling-Hammond y G. Sykes (eds.), *Teaching as the Learning Profession: Handbook of Policy and Practice*, San Francisco, Jossey Bas.

THOUREAU, D. (1973), *Walden o la vida en el bosque*, Buenos Aires, Emecé.

TINNING, R. (1985), "Physical Education and the Cult of Slenderness", *The ACHPER National Journal*, núm. 107.

TINNING, R. (1990), *Movement, Ideology and Curriculum. Opening Pandora's Box*, Deakin, Deakin University Press.

TINNING, R. (1993), "Physical Education and the Sciences of Physical Activity and Sport: Symbiotic or Adversial

Knowledge Fields?", Granada, conferencia dictada en el Congreso Mundial de las Ciencias de la Actividad Física y el Deporte.

TITONE, R. (1986), *El lenguaje en la interacción didáctica: teorías y métodos de análisis,* Madrid, Narcea.

TITTEL, K. e ISRAEL, L. (1991), "La inactividad aumenta los factores de riesgo para la salud y la capacidad física", *Boletín Femede,* núm. 12.

TOFFLER, A. (1995), *La creación de una nueva civilización,* Barcelona, Plaza y Janés.

TOM, A. (1985), *Teaching as a Moral Craft,* Nueva York, Longman.

TOM, A. y VALLI, L. (1990), "Professional Knowledge for Teachers", en W. R. Houston (ed.), *Handbook of Research on Teacher Education,* Nueva York, MacMillan, pp. 373-392.

TORRES SANTOME, J. (1984), *Globalización e interdisciplinariedad: el curriculum integrado,* España, Morata.

TURNER, R. (1941), *The Great Cultural Traditions,* Nueva York, McGrawHill.

TYLOR, S. E. y CROCKER, J. (1981), "Schematic Bases of Social Information Processing", en Higgins, Herman y Zana (eds.), *Social Cognition,* The Ontario Symposium, Hillsdale, Nueva Jersey, Erlbaum.

TYLOR, S. J. y BODGAN, R. (1987), *Introducción a los métodos de investigación cualitativa,* México, Paidós.

VAN DRIEL et ál. (2001), "Profesional Development and Reform in Science Education: The Rol of the Teachers' Practical Knowledge", *Journal of Research in Science Teaching,* vol. 2, núm. 38.

VAN MANEN, M. (1998), *El tacto en la enseñanza,* Buenos Aires, Paidós.

VERLOOP, N. (1992), "Aula de Innovación Educativa", versión electrónica, *Revista Aula de Innovación Educativa,* núm. 5.

VERLOOP, N. (1992), "Praktijkkennis van docenten: een blinde vlek van den underwijkunde. Craft knowledge of teachers. A blind spot in educational research", *Pedagogische Studien,* núm. 69.
VILLORRO, L. (1992), *Creer, saber y conocer,* México, Siglo XXI.
VON GOETHE, J. W. (1978), *Cartas de Goethe,* Buenos Aires, Centro Editor de América Latina.
WAHLSTROM, M. et ál. (1982), "Teacher Beliefs and Assesment of Student Achievement", *Symposium Series,* núm. 13, The Ontario Institute foe Studies in Education.
WALLACE, J. y LOUDEN, W. (1992), "Science Teaching and Teachers' Knowledge", *Quantitative Studies in Education,* vol. 4, núm. 7.
WALLON, H. (1987), *Del acto al pensamiento,* Buenos Aires, Psique.
WATKINS, J.; FARRALLY, M. R. y POWERLEY A. (1983), *The Anthropometry and Physical Fitness of Secondary Schoolgirls in Strathclyde,* Glasgow, Jordan Hill College of Education.
WAX, M. (1979), *Desegregated Schools: An Intimate Portrait Based on Five Ethnographic Studies,* St. Louis, National Institute of Education, Social Science Institute, Washington University.
WELSH HEALTH PROGRAM DIRECTORATE (1987), "Exercise for Health, Health Related Fitness in Wales", *Hearbeat Report,* núm. 23.
WERTSCH, J. V. (1981), *The Concept of Activity in Soviet Psychology,* Nueva York, Sharpe.
WILHEMSEN, L. y TIBBLIN, G. (1971), "Physical Inactivity and Risk of Myocardial Incfartion. The Men Born in 1913 Staudy", en VON LARSEN, O. y MALMBORG, A. (eds.), *Coronay Heart Disease and Physical Fitness,* Munksgaard, Cophenagen.

WOLCOTT, H. (1980), "Criteria for an Ethnographic Approach to Research in Schools", en *Human Organization*, año 2, núm. 34.

WUNDT, W. (1912), *An Introduction to Psychology*, Nueva York, Mc Millan.

YINGER, R. (1977), "A Study of Teacher Planning: A Description and Theory Development Using Ethnographic and Information Processing Methods", Doctoral Dissertation, Michigan State University, University Microfilm International, núm. 78-10138.

YINGER, R. (1986), "Investigación sobre el conocimiento y pensamiento de los profesores. Hacia una concepción de la actividad profesional", Actas del Primer Congreso Internacional sobre el Pensamiento del Profesor, Sevilla.

YINGER, R. y CLARK, C. (1977), *Research on Teachers Thinking*, Ontario, Curriculum Inquiry, Ontario Institute for Studies in Education / University of Toronto.

ZUKEL, W.; LEWIS, R. H.; ENTERLINE, P. E.; PAINTER, R. C.; RALSTON, L. S.; FAWCETT, R. M.; MEREDITH, A. P. y PETERSON, B. A. (1969), "A Short Term Community Study of the Epidemiology of Coronary Heart Disease", American Journal Public Health, núm. 49.

AUTOR

El *Dr. Daniel Albino Airasca* es Profesor de Educación Física (Instituto Nacional de Educación Física, Santa Fe) y Licenciado en Kinesiología y Fisioterapia (Universidad Nacional de Córdoba). Tiene estudios de posgrados en: "Promoción de la salud y rehabilitación de las enfermedades de la civilización por la actividad física" (Deutsche Sporthochschule Köln, Alemania Federal) y Doctorado en Educación (Universidad Católica de Santa Fe).

Actualmente se desempeña como Director Académico y Titular permanente de "Educación para la salud" de la Facultad de Motricidad Humana y Deportes de la Universidad Abierta Interamericana, Sede Regional Rosario, y Director de la Especialización en Kinesiología Deportiva, Facultad de Medicina y Ciencias de la Salud de la mencionada universidad.

Sus trabajos y publicaciones abordan la actividad física orientada al bienestar, promoción de la salud y prevención de la enfermedad por la actividad física, prevención y rehabilitación de las enfermedades de la civilización y pedagogía crítica. Ha dictado numerosos cursos, seminarios, talleres y laboratorios de su especialidad a nivel nacional e internacional.

www.ingramcontent.com/pod-product-compliance
Lightning Source LLC
Chambersburg PA
CBHW031252230426
43670CB00005B/144